LIFE WITH ART

アートと暮らすインテリア

はじめに

はじまりは、『グリーンで楽しむインテリア』（弊社刊）の取材の最中、
その場に居合わせた住人、建築家、カメラマンとのちょっとした会話でした。
「最近、アートとすてきに暮らしている人が増えているよね？」
「うんうん、分かる、分かる。増えています」

肩ひじを張るでも、自己主張するでもなく、
いつのまにか、自然にアートとの暮らしをはじめている。
そんな人が増えています。
そして、それは、なんとも精神的な豊かさを感じさせる暮らしなのです。
自分が心地よく、楽しく暮らしたいからとインテリアを整えていると、
アートは、あたりまえに暮らしの中に入ってくるようです。

ところで、アートって、なんでしょうか？
誰もが名前を知っているようなアーティストの作品や、
多くのコレクターが注目するような作品だけが
アートなわけではありません。

アートの定義は、人それぞれ。
子どもがなにげなく描いたものでも、
名の知れぬ人が作った、アノニマスの民芸品でも、
その作品といっしょに暮らしたいと思った人が、
アートだと感じていれば、それはアート。

なにかしら感銘を受けたり、気持ちが揺さぶられたり、
いっしょに暮らすことで心地いいと感じたりすれば、
それが、アートです。

本書では、アート＝持っている人の心に作用するものと考え、
アートとの暮らしを楽しんでいる方のお宅にお邪魔してきました。
アートと暮らすことの豊かさや、楽しさが伝わって、
そんな暮らしをはじめるきっかけや、ヒントになれば幸いです。

＊掲載されているお宅は個人宅で、写っているアート＆ものはすべて私物です。どこで購入したか記載しているものでも、すでに入手できないものもありますので、ご了承ください。
＊本書の目的は、アートそのものの紹介というより、アートとの暮らしを持ち主の方がどう楽しんでいるかを紹介することです。目立つ作品に関してはアーティストご本人に掲載許可をいただくべく尽力をしましたが、ご連絡がつかなかったアーティストの方々におかれましては、本書の趣旨を理解いただき、なにとぞ、ご了解、ご容赦いただければと思います。

PART 1

アートと暮らすインテリア

アートとの暮らしといっても、
選択基準も飾り方も、楽しみ方も千差万別です。
15軒のお宅にお邪魔して
それぞれのインテリアを拝見し、
アートと暮らす魅力を語っていただきました。

01

アートとの暮らしは、緊張するものではなく、心地いいもの。多くの人に体感して欲しい

ギャラリーオーナー
土器典美さん

「作品を掛け替えると、部屋の空気感がガラッと変わりますので、ときどき作品を入れ替えています」。リビングの現在の主役は、山口一郎さんの絵画。

profile
土器典美（どき・よしみ）さん
暮らしの道具を自ら買いつけて販売するアンティークショップを経て、〈DEE' S HALL〉をオープン。そのセレクトに刺激を受け、最初のアートはここで購入したという人も多い。
www.dees-hall.com

室内窓に並ぶ、アートとアンティーク。さりげなく置いてあるだけという風情が、土器さん宅の心地よさを作り出します。女性の彫像は前川秀樹さんの習作品。

Q アートのある暮らしを身近にする工夫とは？

たくさんのアートを見ることかな？　まずは、展覧会をいろいろ見て、どういう作品を自分が好きなのか把握する。そして、作品をひとつ買う。ぐっとアートが身近になり、興味も広がります。

今でも伝説的に語られるアンティークショップをクローズし、ギャラリー〈DEE'S HALL〉をオープンさせた土器さん。アンティークショップの時代から、その審美眼にはファンが多く、目利きぶりには厚い信頼が集まっていました。ギャラリーをオープンさせてから早15年以上。「同じような場は、ほかにない」とファンにいわしめる、オリジナリティある展覧会を継続的に開催。アートになじみがなかった人までもが、〈DEE'S HALL〉を通じて、少しずつアートファンになる、そんなギャラリーに育て上げました。

「ギャラリーで紹介するアートのセレクト基準やルールはありません。好きかどうか、自宅に置きたいかという感覚で選んでいるだけ。だから、自然にうちに飾るのは、紹介しているアーティストの作品ばかり」と土器さん。〝自分が好きなものだけをギャラリーで展示する〟との言葉に偽りがないことは、ご自宅にお邪魔すれば一目瞭然。取り扱っているアーティストの作品の数々が、それぞれにふさわしい居場所を見つけ、心地いい空間を作り、暮らしに見事に調和しています。

「なにかしら、心が動かされるものがアート。だからアートとの暮らしは、緊張するものではなく、心地いいもの。多くの人が体感して、もっと身近になるといいですよね」

2

1

4

3

1. たくさんのアートがあるのに、大げさに見えず、暮らしの中に自然になじんでいるのが土器さん宅の魅力。リビングのソファ脇の壁に飾られているのは、仲田智さんの作品。あえて額装せず、シートをビニールに入れたままという自然体な飾り方もすてき。2. オフィススペースの一角。電話などの家電製品とともに、あたりまえにアートが並んでいます。女性の彫像は前川秀樹さん、壁の写真は西田昭さん。3. 使い込まれたアンティークのトランクの上に置かれていたのは、ジェームス・シェットバンの作品。10年ほど前に展覧会を開催したときに購入しました。4. ダイニングのコーナー。2面の壁を使っての、絵画の飾り方が印象的です。

パーソナルチェアの後ろの壁は、絵画を飾るのに絶好のスペース。初心者はこんなコーナーを作るところからはじめるのがよさそう。絵画は、山口一郎さん、青と白のガラスのオブジェは大室桃生さん。

キッチンの壁には、青木由子さんの版画作品を。汚れやすい場所なので、あまりたくさんは置かないようにしているそうですが、1枚あるだけで凛とした空気感が生まれます。

Q アートを飾るときに気をつけていることは？

海外の家のようにぎっしり壁を埋め尽くしたり、作品を強調したりという飾り方もあると思います。でも私は部屋に自然になじませることを意識します。飾っていない白い壁をあえて残し、"間"を作ったほうが、ほっとしますね。

アートの飾り方の参考になるコーナーが、あちこちで見つかる土器さん宅。デスクの前の壁には小さな棚を取り付け、彫刻を飾ったアイデアもさすがです。壁の版画は尾関立子さん、木の彫刻は前川秀樹さん、その下に置いた、白枠の刺しゅう作品は沖潤子さん。

階段ホールの壁に飾ったのは、仲田智さんの作品。「しばらく同じアーティストの作品を購入して、変遷を追いかけるのもおもしろいですよ」。

回りの要素があまりないので、階段を通るたび、しっかりアートと向き合えます。遠くから見ると油絵のようですが、よく見ると、針、糸、布で絵を描いている、沖潤子さんの作品。

客室として使用している寝室には、アーティストの友人が逗留することもあるのだそう。壁に飾ったのは、紙や鉄などのコラージュで制作をすることの多い、仲田智さんの手によるもの。

反対側の壁には、山口一郎さんのドローイングを掛けました。その先に見えるアートとのバランスにも注目です。窓下のチェストの上には、立体作品がいろいろ。

さながら、〈DEE'S HALL〉のアーティストたちのグループ展のようなスペース。つぼ（花器）3つは、小前洋子さん、内田京子さん、稲富淳輔さん。白い石のオブジェは、上田亜矢子さん。ストライプのガラス器は大室桃生さん、女性の彫刻は前川秀樹さん。

オフィススペースの棚の前には、無造作にフレームが置かれていました。土器さんが構えることなく、アートとつきあっていることが分かります。手前にあるのは、ベオグラードのアーティスト、タマラさんの作品。

02

暮らしや自分自身に影響を与えるから身の回りすべてのものをアートと思って選ぶ

スタイリスト　城 素穂さん
写真家　白石和弘さん

高い天井の広いリビングダイニング。元々持っていたものも、今回の引っ越しに合わせてふたりで選んだ家具も、それぞれ国籍は違えど、古い、味わいのあるものばかりです。

好みは似ていても、白石さんは小さいもの、城さんは大きいものを選ぶ傾向があるのだとか。高さが 2.3m 以上もある、大きな食器棚は城さんがひとり暮らし時代から使っていたもの。

ふたりで出かけた個展で購入した平松麻さんの絵画。「触っていい絵というコンセプトで描かれているんですよ」。日常の道具といっしょに、さりげなくたたずむように飾られている様子に美的センスが表れています。

profile
城素穂（じょう・もとほ）さん
白石和弘（しらいし・かずひろ）さん
城さんは料理やテーブル回りのコーディネートを中心に活躍するスタイリスト。シックで力強いスタイリングに定評あり。白石さんは写真家。撮影対象に潜む物語を引き出し、美しい陰影で表現する写真が魅力。ふたりとも雑誌などで活躍中。

流木や廃材を使ってオブジェを作る水田典寿さんの作品。「子象が遊び足りなくて、小屋の中から鼻を出して球を転がしている。そんなストーリーが感じられ、引きつけられました」と城さん。目白にあるギャラリー〈FUURO〉で出会ったそう。

結婚をし、ふたりの住まいを作り上げたばかりのスタイリストの城さんと、写真家の白石さん。そのお宅は、もう何年もいっしょに暮らしているのでは？と思えるほど、ふたりが持ち寄ったアートが自然に寄り添い合う空間になっていました。それもそのはず、アートの好みが似ていることがふたりをつなげてくれるきっかけだったのです。「ギャラリーの店主に紹介されて。そのときは、少し話しただけだったのですが、ほかのギャラリーでもばったり会ったり、『さっきまでいたよ』とニアミスだったり。好きなものが似ているんだなと感じました」と城さん。

好きなものが似ているふたりが持ち寄ったものに共通するのは、暮らしの延長線上にあるアート。〝いかにもアートです〟と、自己主張するタイプのものより、たたずんでいるだけなのに存在感があり、独特の空気感を生み出すものが多い印象です。「身の回りに置いているすべてものが、生活に、そして自分自身に大きな影響を与えると思っています。それは、師匠の暮らしぶりから学んだことです」と白石さん。身の回りに置くすべてのものにアート的な美を見出しながら選ぶことで、暮らしが豊かになり、ひいては自分自身をも高めてくれる、そんなことに気がつかせてくれた、おふたりの暮らしぶりです。

古い餅板を使ったローテーブルの上や、壁面には小さい作品がいろいろ。実用品を作っている作家の、実用的でない作品に惹かれる傾向が。「その作家らしさが出ている気がして、いいなと思うことが増えました」。

白石和弘さん自身の写真作品。うさぎとハリネズミのオブジェを夫婦ふたりに見立てて撮影したもの。絵画のような陰影が美しい写真です。

アフリカの手刺しゅうのファブリックパネル。「いろいろな動物がいて、みんなカップルや家族で。幸せな感じが気に入っています」。

いつも展示を気にしているギャラリーは？

東京・西麻布の〈桃居〉、青山の〈DEE'S HALL〉、高円寺の〈書肆サイコロ〉、吉祥寺の〈OUTBOUND〉、八丁堀の〈pragmata〉など、アートだけでなく、器や暮らしの道具などジャンルを問わず、オーナーの美意識を感じるギャラリーが好き。

陶芸家の小前洋子さんの陶のつぼと、中西洋人さんの木工作品をベルギーで買った古いパレットといっしょに飾って。作家の作品にも、パレットにもニュートラルな視点で美を見出します。

白石さんが選んだものが並んでいるコーナー。真ん中に鎮座するのは、インドネシアのもの。「漁師が使う浮きらしいです」。回りには、同世代の作家の作品やアンティークなど、白石さんのフィルターで選ばれた、同じ空気感を持つものが並びます。

小さいものに惹かれる白石さんの好みが伝わってくるセレクト。右：西アフリカの鉄製のカメレオンと、〈しょうぶ学園〉の作品。左：森田千晶さんの和紙作品。静寂の美を感じるたたずまい。間のある飾り方にも白石さんの美意識が表れています。

新品の家具や道具はほとんどなく、味わいのあるものがひとつひとつていねいに選ばれている印象です。壁のカットボードは虫食いしていますが、ラインが美しく、捨てるには忍びないので、壁に飾ることに。

自分にとってのアートの定義とは？

現代アートでも工芸でも民芸でも、身の回りに置くことで心を豊かにしてくれるもの（白石さん）。「これ、いいでしょ！」と押しつけられるようなものではなく、ふとそこにいてくれるもの（城さん）。

キッチン。当然、器や調理道具なども選りすぐりのものばかり。「暮らしで使う実用品はひと通り揃ってしまったので、実用にはできないけれど気持ちが惹かれるアートに目が向くのかもしれません」。

窓の桟も、ちょっとしたギャラリースペース。ちょこちょこと飾って、ふと見たときに心を和ませてくれる場所に。いわゆるプロダクト品はほとんどなく、世界各地の民芸品だったり、作家の作品だったりするのもほかのコーナーと同じ。どちらの窓も、白石さんが選んだものが多めです。

03

アートは、〝生きている〟もの。だからアートが輝くための住空間を作る

画家　山内 亮さん
主婦　山内 瞳さん

profile
山内亮（やまうち・りょう）さん
山内瞳（やまうち・ひとみ）さん
画家の亮さんと元グラフィックデザイナーの瞳さんのご夫婦。結婚して1年強。大阪在住。瞳さんが図面を描いて、大工さんに建ててもらった10坪の家に愛猫と暮らす。

取材協力：RoomClip
山内さんのユーザ名は〈mohayaete〉

2階に上がる階段越しに見えるアート。ダイニングからよく目に入る一等地的な壁です。上から藤川奈苗さん、ヨシダミナコさん、山内亮さんご本人の作品。

もっと大きく窓を取ることもできましたが、絵を飾る壁を増やすために窓は小さめに。食器棚の上に掛けている2枚は、俵萌子さんの作品。黒のフレームと、黒の食器棚が相性よし。

寝室奥の壁にもアートが。斜め天井とのバランスを取りながら、右にいくごとに小さい作品を掛ける飾り方が秀逸です。いちばん大きい版画は大舩光洋さん。

渡辺智子さんの作品。大きい作品を床の近くまで下げる飾り方が新鮮な雰囲気を生みます。絵とインテリアに合うよう、亮さんが、フレームを白色にペイントしたそう。

画家として活動を続ける一方、ギャラリーで働く山内亮さん。アートは、〝あってあたりまえ〟のものです。そんな亮さんが、最初に意識して自分でアートを購入したのは、25歳のころ。それ以来、15年弱、手元に置いておきたいと思うほどに惹かれた作品を少しずつ買い足してきました。

「実家の夫の部屋はアートで埋め尽くされていました。当時の夫はインテリアには興味がなかったので、結婚をし、家を建てることをきっかけに、〝この子たち〟にちゃんと居場所を作り、アートを楽しめるような空間を作りたいと思いました」と妻の瞳さん。アートのセレクト担当は亮さん、インテリア担当は瞳さんというコラボで、小さいながらもすてきなアート空間ができ上がりました。絵画を壁に掛けることを念頭に、できるだけ壁面を増やすように設計したというから、まさにアートを楽しむための住空間といえます。

「自分も画家だから、作品を生み出す喜びも苦しみも知っています。アートには、そのときどきの作家の思いが詰まっています。年月がたてば作家の気持ちも変わり、作品も変わる。だからアートは、生きていると思うんです」と亮さん。〝生きている〟作品たちが、それぞれの居場所を得ている山内さん宅。生き生きと暮らしに喜びを与えてくれています。

寝室に置いたパソコンデスクの
回りは、版画作品を中心に飾り
ました。たくさんのフレームを
並べて飾るのは難しいイメージ
がありますが、2～3点ずつ、
フレームの端を揃えて並べるだ
けでも、ぐっと整った印象に。

右：ダイニングのふき抜け部分で空間全体を明るく彩っている大きな絵は、亮さんの母である、山内比呂子さんの作品。ポルトガルの街とたなびく洗濯物を描いた風景画だそう。左：記念日には亮さんからアートを贈られることが多いという瞳さん。リサ・ラーソンの陶のオブジェは結婚記念日に。この場所にすでに飾られ、鳩の鳴きまねをしながら、プレゼントされた思い出が。

左：トイレの中にもアートを発見。壁に取り付けた陶のオブジェは須浜智子さん、壁の銅版画は近松素子さん。右：こちらもトイレの中。窓枠に並べたのは同じく須浜さんで、その下の絵は石川裕敏さん。

Q 立体作品を安全に飾るには？

作品が倒れて破損することがないよう、美術館などで使われているミュージアムパテと呼ばれるものをわが家では愛用。粘土状の接着材で作品にも棚にも傷が付きません。

左：家は大枠だけを建ててもらって、壁のパネルを張ったりペイントしたり、できることはふたりでDIYしたそう。右：上はノブコウエダさん、下は三村逸子さんの作品。スイッチプレートとサイズが近いものを選んで飾りました。

左：玄関の土間には、瞳さんがマスキングテープを駆使して、ペンキでラグ風の柄を描きました。奥に鎮座するのは、伊藤誠さんの鉄のオブジェ。「今、いちばん気に入っている作品です。なんだか分からないし、簡単な形だけど、それが最高に魅力的」。右：うなだれていることを意味する絵文字、orzに、甲子園の砂が入っている陶芸作品。ストーリーを感じる作品は、佐川好弘さん。

タイルを貼ったのも、棚を取り付けたのもDIYによるというから、ふたりのセンスと行動力に脱帽。キッチンの壁やシンク回りにもアートがあり、家全体でアートを楽しんでいます。

3

2

1

6

5

4

1. 瞳さんへの誕生日プレゼントだったという安藤栄作さんの彫刻作品。「『豆腐の神様』という作品名なので、なんと豆腐のパックに入っていたんです」と瞳さん。2. キッチンの背面に置いたオープン棚の上にもアートがふたつ。右側は福田新之助さん。「アートはちょこちょこ動かして、いろいろな場所で楽しんでいます」。3. 壁の厚みにぴったりはまる小作品は、山内亮さん自身の作品。小さい作品もぴったりの居場所が見つかると、存在感が増します。4. 鍋の上には、長尾圭さんの絵画。壁はすべてコンパネを張って白くペイントして仕上げているので、どこにでもくぎが打てるようになっています。5. 棚の下には林葉子さんの銅版画。6.「これはなに？」と思わせますが、陶芸作品。増田敏也さん作。電球もそうですが、プロダクト的なものを焼き物で表現した立体作品を作る作家です。

Q アートのある暮らしを身近にする工夫とは？

買わなければはじまらないと思うので、まずは1点。作家自体に注目し、変化を追いかけることもアートを楽しむ一環だと思うので、現存の作家で、継続して個展をしている人の作品がおすすめです。

リノベーションの際に真っ白にペイントした壁はアートを飾るのに絶好の場所。右は今井麗さんの作品。左はブルックリン在住の女性アーティスト、サラ・ルッケンハウスのポスター。

04

作家の手によって作られた唯一無二の〝作品〟に惹かれる

ライター　赤木真弓さん

「アートという言葉より、〝作品〟のほうがしっくりくるかもしれない」とぽつりと漏らしたのは、ライターであり、古書店&ギャラリーのオーナーである赤木さん。作家が作ったものだから、作品。この言葉のほうが、自身の中で違和感がないよう。アートという言葉には、ちょっとハードルの高い響きがあるのかもしれません。〝アート〟と名づけると遠い存在になってしまいますが、赤木さんにとっての〝作品〟はもっと身近。「眺めているだけでワクワクする存在です。世界にただひとつのものと思ったら欲しくなります」。

少しずつ増やすようになったのは、自宅をリノベーションし、取材を受けたのがきっかけ。「写真で客観的にわが家を見たら、全体が白壁で殺風景だなと感じました」。元々仕事柄、アーティストの友人が多いうえ、5年前にオープンした古書店に併設するギャラリーで展覧会を開催していることもあり、作品との出会いにはこと欠きません。そうして作家自身との出会いを大切にし、夫との好みもすり合わせながら手に入れた絵画やオブジェが徐々に白壁を埋めていくようになりました。「映画*『ハーブ&ドロシー』の夫妻のように、好きなアーティストの作品を購入して、その活躍を見守る姿に秘かにあこがれているので、少しずつ増やしていきたいです」。

上：学校で使われていたというキャビネットの上にも今井麗さんの作品が。「キャンバスに描かれた絵は、わざわざフレームを探さなくても、そのままでいいので飾りやすいですね」。下：「床置きに絵を飾るのは夫のアイデア。雰囲気が違う絵でもバランスよく飾れると思います」。

profile

赤木真弓（あかぎ・まゆみ）さん

フリーランスライターとして活躍しながら、横浜の古書店＆ギャラリー〈greenpoint books&things〉のオーナーとして展示の企画も行う。

www.gpbat.com

今井麗さんの作品は結婚5周年の記念にちょっと奮発。

＊『ハーブ＆ドロシー』元郵便局員と図書館司書の夫妻が買い集めた現代アートは世界屈指のコレクションに。それらを美術館に寄贈するまでのドキュメンタリー映画。

上：塩川いづみさんの素描は、赤木さんの息子と愛猫がモデル。手前のキリムドールは、オーストラリアで活動する、ずしちあきさんの作品。中：繊細な絵刺しゅうがほどこされたアート的ドールは Coral & Tusk。ブルックリンで設立されたブランドです。下：アートユニット tupera tupera の木製のオブジェと奥には前田ひさえさんのキャンバス画を。

上：赤木さんのワークスペースにある本棚にもさりげなくアートがあちこちに。雑貨のようにディスプレイするのは、まねしやすい飾り方です。中：落合恵さんからいただいた結婚祝いの絵の前には、ディック・ブルーナのサイン入りポストカードが。「友人がご本人からもらってきてくれました。」下：福田利之さんの作品とオブジェ。オブジェは結婚式のウェルカムドールでした。

リビングの壁には、〈ストリングシェルフ〉を取り付け、小さなアートギャラリーのように。オブジェだけでなく、小さなフレームもいろいろ飾れます。

1. 夫のセレクトしたものが集まるコーナー。帆船のオブジェと奥のこけし2体は、花井祐介さんの作品。2. のみの市好きな赤木さん。購入したフレームにDMなどを入れて飾っています。「友人のアーティストに、フレームに合わせた絵をお願いしているところです」。3. ここからがアートで、ここからが雑貨やクラフトというように線引きせず、好きなもの、心に響いたものが並ぶ赤木さん宅。このコーナーはのみの市で購入したのを中心に、リサ・ラーソンのオブジェなどが。4. リサ・ラーソン本人の取材に行った記念に購入したオブジェ。「ご本人にお会いして、すっかりファンになりました」。サインもしてもらったそう。

右：寝室には夫セレクトのアートが。白いシンプルな空間に窓があるかのような存在感があります。ジェリー・鵜飼さんの絵画。左：tupera tuperaによる、廃材を使った作品の展示会で購入した作品。「馬が靴を履いている作品だから、玄関に飾ることにしました」。

アートのある暮らしを身近にする工夫とは？

展覧会に行くと、作品だけでなく図録だったり、作家が作ったzine（自費出版の冊子）だったりが販売されているので、まず、そのあたりから手に入れるのは？　バッグなど使える作品から入るのもおすすめです。

最初に買ったアートはどれ？

tupera tuperaのオブジェ。趣味の違う夫婦ですが、珍しくふたりともがとても気に入って。ひとつ目の購入はハードルが高いですが、アートのあるよさに気づき、その後は身近に。

05

小さな写真作品を1枚飾るだけで、毎日の暮らしが楽しくなる

建築家　青木律典さん

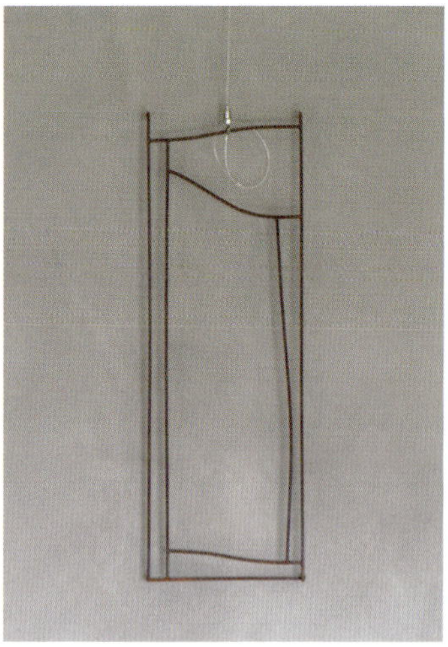

金沢に旅したときに出会った、坂井直樹さんの鉄のオブジェ。グレーの壁に静謐な空気感を運んできてくれる存在です。

profile
青木律典（あおき・のりふみ）さん
建築家。デザインライフ設計室主宰。少しだけ和のテイストや木のぬくもりを取り入れた、シンプルでモダンな設計に定評がある。
www.designlifestudio.jp

自身の設計でリノベーションした空間に暮らす建築家の青木さん。直線的で無駄な装飾がないだけでなく、目に飛び込んでくる彩色もほとんどなし。気持ちがシャキッと引き締まるシンプル空間です。でも、決して殺風景ではありません。アートの存在が、この空間を心地よく感じさせてくれているのです。

青木さんが、最初にアートだと意識をして購入したのは、写真作品。賃貸暮らしをしていたころのことです。「間取りは自由にならないし、新建材による内装もつまらない。そんな状態に満足できず、もんもんとしていました。雰囲気を変えたいと思っていたときに出会ったんです。いざ部屋に掛けてみたら、たった1枚の小さな作品なのに、毎日がとても楽しくなったことを鮮明に覚えています」。

味けないと感じていたビニールクロスの白い壁が一気に華やいだと感じたのだそう。アートの持つインパクトを実感した瞬間です。そのワクワク体験をきっかけに少しずつアートの魅力にはまっていきました。

「でもいちばん高いものでも5万円くらいです。手が届く範囲の価格帯のものを少しずつ購入しているだけ」と青木さん。がんばってアートとつきあっているという気負いは感じさせません。アートというのは決して特別な人のためのものではなく、気軽に取り入れていけばいいんだと気づかせてくれます。

最初にアートを手に入れるという気持ちで購入した市橋織江さんの写真。間伐材を使ったフレームに仕立てられていたことも、いいなと思った理由のひとつ。

団地の一室をリノベーションしたご自宅。玄関から部屋の端まで続く、通り土間のようなスペースはこの家のフォーカルポイント。辻佐織さんの写真を飾るために、ニッチも作りました。

キッチンもシンプルに。ついつい生活用品を並べてしまいそうなキッチン奥のスペースにも陶の作品をひとつ。こういう余白があることで、全体がすっきり見え、アートが映えます。

自分にとってのアートの定義とは？

アートとは、日常に“はれ”の気持ちをもたらしてくれる存在。日常使いするもの(例えば食器)でも、作家のもの作りへの強いスタンスを感じるものは、アートだと思います。

キッチンの作品は、伊藤利江さんの陶の1点もの。伊藤さん宅(P78参照)のリノベーションに携わっていたころに個展で出会いました。「陶なのに、石っぽい質感に惹かれました」。

Q

アートを飾るときに気をつけていることは？

壁面を全体で見られるよう、できるだけ引いた視点を持つこと。立った状態で確認するだけでなく、座った状態でも見て、どちらの場合も違和感のない高さに飾ること。

寝室の枕元にも、写真を。下がり天井になっているところから、ヒートン金具でつるしています。市橋織江さんの作品。最初の作品購入以来、個展に出かけるように。

アートフェア東京（P121）で購入した水谷恵さんの版画は、洗面スペースの棚に。生活感があふれそうなこんな場所にも余白を作り、アートを飾っているところに、青木さんの美意識が表れています。

書斎スペースに並ぶ、小さなふたつの絵。上はしゅんしゅんさんの素描。下は国本泰英さんのキャンバス画で、〈スパイラル〉で行われたジ・アートフェア（P121参照）で購入。

アートのある暮らしを身近にする工夫とは？

ギャラリーを覗き、フライヤーをもらってくるだけでも楽しいですよ。必ず、記帳するようにしているので、DMを送ってもらえることも多くなり、ギャラリーや作家が身近になります。

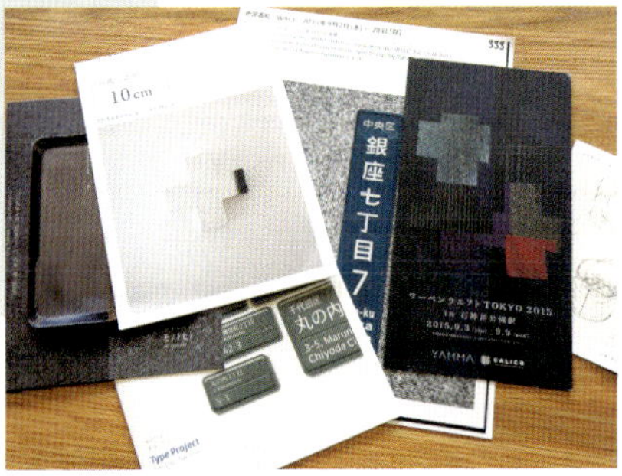

書斎のデスクの上にも写真を1枚。〈ゼラチンシルバーセッション〉という、銀塩写真でしか表現できない写真の魅力を伝えるプロジェクトの、作品展で出会ったもの。

書斎の壁には、〈猪熊弦一郎美術館〉で開催された杉本博司展で購入したポスターを。下のフレームは古賀充さんの作品。展覧会で本人とお話をして共感して購入。

Q いちばんお気に入りのアート作品は？

フレームを迷っていて、今はまだ飾っていないのですが、〈エモン・フォトギャラリー〉で購入した市橋織江さんの作品です。エディションが限定されていてサイン付き。やさしい色合いに惹かれました。

展覧会のDMを本棚の前に飾ったり、〈太陽の塔〉の、ミニチュアのフィギュアを置いたり、本物ではなかったとしても、いいなと思ったものは身近に置いて、見て楽しんでいます。

建築家 青木さんのオフィスにもアート発見！

右：建築界の巨匠のひとり、ル・コルビュジエの肖像と作品が描かれた、スイスフランを額装。紙幣までもアートに！　左：デスクの前にも写真が1枚。いちばん尊敬している建築家、ピーター・ズントーの建築物の写真（杉本博司さん撮影）を図録から切り取り、額装しました。

しゅんしゅんさんの素描は、オフィス移転祝いに、妹から贈られたもの。建築の初期計画をまとめたものやスケッチをエスキスといいますが、この作品のタイトルが、それ。建築家のオフィスにぴったりの絵です。

築30年の平屋の一軒家を賃貸し、大家さんに交渉してリノベーションをした住居をオフィスとして使用している青木さん。こちらにも少しずつ、アートを飾っています。建築をテーマにしたものばかりで、仕事に刺激を与えてくれるものが中心。ポスターだったり、図録の1ページだったり、紙幣だったりと、〝本物〟とはいえないものかもしれませんが、青木さんにとっては、大切なイマジネーションの源。これもやはりアートというべき存在でしょう。どれもきちんとマットを付けて額装しているので、存在感もアップ。それぞれの作品へのリスペクトも感じられます。

実用の花器ではありますが、村上躍さんの思いを感じるので、これもアートだと感じているそう。

広くした土間玄関は、クライアントとの打ち合わせスペースとして使用中。壁には、リノベーションを依頼してくれた陶芸家の村上躍さんの花器を飾っています。

ピーター・ズントーの本の付録だったという、スイスの温泉施設のスケッチを版画化したものを額装。マットやフレームは〈世界堂〉で購入することが多いそう。

村上躍さんの急須など、こだわって選んだ器も日常生活を彩る存在。日常使いの工芸品もアートのひとつです。「一杯のお茶をいれるだけでも楽しい気持ちなります」。

山口一郎さんの絵を中心に作り上げたコーナー。ある意味、床の間的な場所。「ダチョウが長い足で空中を歩いているかのような、浮遊感に惹かれました」。〈DEE'S HALL〉で購入。

06

アートは、ただそこにあるだけで回りの空気を変えてくれる存在

陶芸家　小前洋子さん

写真も玄人はだしの腕前の小前さん。自然の造形物を撮影して飾っています。「自然のものは、すべて創作の先生」。和紙に写真を貼って目隠しにするアイデアもすてき。

陶芸家の小前さんのお住まいは千葉県の外房にある小さな一軒家。気持ちのいい庭を抜け、玄関ドアを開けると、どーんと正面で迎えてくれるのが、山口一郎さんの絵画です。そして、その前にたたずむのが、自身の作品であるつぼ。玄関、リビング、そして寝室がゆるやかにつながるワンルームな間取りの中では、この場所が名実ともに中心。目線の集まるフォーカルポイントとして、ど真ん中で、小前さん宅をギュッと引き締めています。

「包容力や生命力があるアートに惹かれます。作為的ではなく、作家自身から自然に生まれ出るものです」と小前さん。山口さんの絵はまさに、そんなパワーがある作品だそう。「1枚掛けるだけで、部屋の空気が大きく変わります。この作品をはずすと、場にエネルギーがなくなってしまうほど」。それくらいアート作品には大きな力があり、小前さんにとって欠かせない存在です。

「私が惹かれるのは、直感的、恋愛的に心が動いたアートです。そういうアートを取り入れるのが楽しいのは、ほかのものを買うのとは違って、作家の生命力や魂と暮らすことになるから。たくさんのエネルギーをいただきながら、アートが作る豊かな空間で暮らすのはとても気持ちよく、次の制作のためにも充足した時間が過ごせます」

Q 自分にとってのアートの定義とは？

作家の生命力やエネルギーを感じ、美しい調和のあるものがアートだと思います。ただの石や枝でも、そこになにかを感じられたらアート＝特別な存在になりえます。

もうひとつの大きなアートも山口一郎さんのもの。本来は横長に掛けるべき作品ですが、場所に合わせて縦に。作品が与えてくれるパワーは変わりません。

アクリルフレームに入れた絵は、5歳の女の子が描いたもの。「つぼを買ってくださったお客さまの娘さん作です」。個展で見て印象に残ったつぼと、買って帰ったつぼ、両方を表現してくれたよう。

profile
小前洋子（こまえ・ようこ）さん
陶芸家。デザイナーとして活躍後、2014年に陶芸家デビューし、人気急上昇中。〈DEE'S HALL〉での個展を中心に作品を発表している。
www.yokokomae.com

自身のつぼ、拾ってきた枝、カードなどを飾った棚の上。左の絵は、20年前ニューヨークに知人を訪ねたときに、飾ってあったお子さんの絵。「何枚もあった中でこの絵にものすごくパワーを感じました」。

右：ナチュラルに、でも、心地よく整えられている庭。自然からは制作のヒントをたくさんもらっています。左：月下美人の鉢カバーとして使っているのも、小前さん作のつぼ。

庭に立つ別棟のアトリエで、作品を制作。天井には以前の仕事柄たくさん持っていたテキスタイルや洋雑誌を、壁には自身が撮った写真を貼っています。

右：古いミシン台にうどんのこね板をのせたパソコンデスク。壁には昔からの道具であるかごやほうきを飾っています。左：デスクの上に鎮座するのは、小前さん曰くの"おじさん"シリーズのひとつ。これも小前さん作で、花を飾って完成する遊び心のある花器です。

右：かごやほうきなど、自然素材が心地いい雰囲気を生む一助になっている小前さん宅。隣のつぼは、自身の作品。左：土器修三さんとoshowさんによるクリエイティブユニットの作品であるぬいぐるみが、お茶目な雰囲気をプラスしてくれます。

寝室の壁にはシンプルな棚を造り付けて、自作のつぼを飾るコーナーに。ドライの枝や実と小前さんのつぼの相性が抜群。山口一郎さんの直筆のカードがさりげなく。

Q いつも展示を気にしているギャラリーは？

“かっこよさ”“色気”を感じるアートが好きなのですが、〈DEE'S HALL〉に並ぶアートにはそれを感じます。ほかには、東京・麻布台の〈Gallery SU〉、八丁堀の〈pragmata〉も好きです。

壁には、美しいカレンダーの写真を切り取って、アクリルフレームに入れてディスプレイ。飾り方ひとつでカレンダーの写真も暮らしの潤いに。

07

絵ひとつで、暮らしが豊かになる。アートのない人生は、もう考えられません

アートアドバイザー
奥村くみさん

profile
奥村くみ（おくむら・くみ）さん
アートアドバイザー。大手ハウスメーカーにインテリアコーディネーターとして勤務後独立。アートの選定、飾り方などをアドバイスしている。アートの飾り方レッスンも主催。
www.allier.jp

ダイニングの壁に掛けた作品は、岩村伸一さん。チェストにぐっと引き寄せるように低めに掛け、下に花を飾って"受け"にする。センスよく見える飾り方です。

コーナーはアートを効果的に飾る絶好の場所。壁2面を使って立体的に見せるのが奥村さんのおすすめ。床に置いたのは金光男さん、オレンジの絵画はチェン・ルオビンの作品です。

「ソファ幅の半分くらいの大きさの作品だとバランスが取りやすいです。でも、サイズ優先でアートを探すと本末転倒になるので、こだわり過ぎなくて大丈夫」。大きい作品は鈴木隆さん。

モダンでシック、それでいて、やわらかな雰囲気のインテリアを作り上げている奥村さん。コーナーごとにアートが飾られ、ため息が出てしまうような完成度の高さです。

「インテリアコーディネーターとして働いていたころ、『インテリアに合うアートも選んで欲しい』とお客さまに相談されることがありました。インテリアとアートは近いものなのに、とかくアートはハードルが高いと思われがちです。だから、アートとインテリアをつなぐ役割をしたいと思って、アートアドバイザーになりました」

そんな奥村さんにとって、ご自宅はアートとインテリアをつなぐための、自分なりの挑戦をし続ける絶好の場です。10数年に渡って多くのギャラリーを見てきた、奥村さんの審美眼によって選ばれた現代アートがインテリアになじみつつ、でも、それぞれのアートがきちんと引き立つように飾られています。インテリアアイテムとして埋没するわけでもなく、強い主張をして暮らしを妨げるわけでもなく、絶妙のバランスです。

「いっしょに暮らしていて、心地いいと感じるもの、そして、じっと見ていると意味を感じるようなアートに惹かれます。絵がひとつあるだけで、どれだけ暮らしが豊かになるか。それを知ってしまった今となっては、アートのない人生なんて、もう考えられません」

上：リビングとダイニングをつなぐ壁に飾ったのは、西村盛雄さんの立体作品。「蓮の葉がくるっと丸まっているイメージです。どうしてもお客さまに紹介したくて、ギャラリーに無理をお願いして2点取り寄せ、1点はお客さまが購入。残りの1点は戻すのがもったいなくて、思いきって私が購入しました。思い出のある作品です」。下：棚の奥の壁に飾ったのは、法貴信也さんの、高さ20cmほどの小さな作品。棚1段をアートのスペースとするのも良案です。現代アートと、手前の仏像を組み合わせているところが新鮮！

最初に買った アートはどれ？

若いころ、アートをどこで買えばいいのか分からず、買ったのがジャコメッティのポスター。ここからスタートし、その後、本物のアートへと移行してきた思い出があるものなので、今も飾っています。

寝室の壁に飾ったのは、イングリット・ヴェーバーの作品。光によって見せる表情が変化するので、アートと暮らす喜びがより感じられます。

右：「作家が大学生のころから追いかけていて、作風が変わっていく様子をとても楽しみにしています。こんな風に応援できる作家と出会えるのも、アートと暮らす楽しみのひとつです」。岩名泰岳さんの作品。左：玄関に飾ったのは、今村遼佑さんの作品。「白木蓮のつぼみを、廃番になっている絵具で描いたらしいんです」。個展などでアーティストから背景を聞くとより愛着がわきます。

玄関ホールには、沖見かれんさんの作品。「いろいろな選び方がありますが、個人的にはいっしょに暮らすアートは美しくて、品性と知性を兼ね備えていることが大前提だと思っています」。

冬木遼太郎さんの、シンプルで潔い作品が階段のアクセントに。「階段は一日に何度も行き来する場所なので、作品を飾らない手はありません。家のあちこちで飾る場所を検討しましたが、この場所にいちばんしっくりきました」。

淺野夕紀さんの作品。「知的かつ、繊細な作品で、遠目で見るのと、近寄って見るのとでは印象が違います。家にあるからこそ、引いたり寄ったりしながら何度となく楽しめます」。

Q いつも展示を気にしているギャラリーは？

仕事柄たくさん見ていますし、東京に出かけて行くことも。地元の関西に限ってご紹介すると、大阪・なんばの〈ギャラリーほそかわ〉、大阪・北区の〈アートコートギャラリー〉、京都の〈eN arts〉などです。

「サニタリースペースにもアートを飾ると、日々の暮らしが潤い、来客時にはおもてなしの気持ちが伝わります」。アートの仕事をはじめたばかりのころに出会ったという、蔀島伸彦さんの作品。

政田武史さんの作品。「購入当時は、たぶん数千円くらいだったんですが、今では人気アーティスト。そうやって成長を喜びつつ、自分の目利きぶりに悦に入るのも楽しいですよ(笑)」。

北欧ヴィンテージの家具が置かれているダイニングスペース。シェルフに並ぶガラス製品のほとんどは、エリック・ホグランのもの。「地震があると、真っ先に心配しちゃいます」。

08

アートはパーソナルなもの。自分がいいと思うことが、なにより大事

イデー勤務
大島忠智さん

セルジュ・ムーユの照明が空間にメリハリをプラスしているリビング。テレビ台の上にはリサ・ラーソンの陶作品やアメリカなどで買い求めたマリンモチーフのものが。

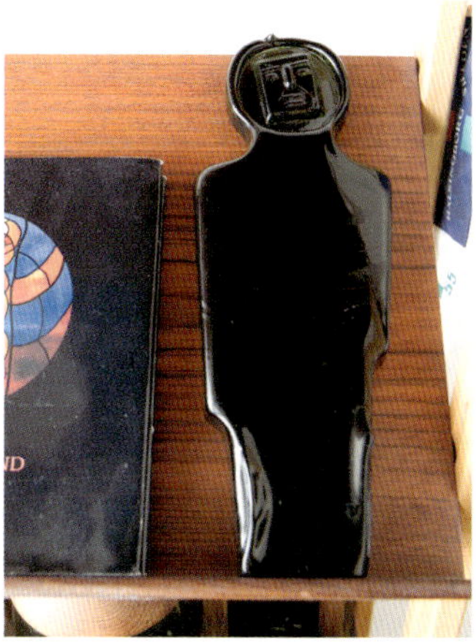

上：エリック・ホグランの希少なアートピース。下：エリック・ホグランのガラスは、北欧のものの中ではプリミティブな印象。「ぽってりした質感に惹かれます。彼が中南米などの民芸に影響を受けたと知り、納得です」。

ライフスタイルショップ〈イデー〉で、商品部門などの責任者として働いている大島さん。今の部屋に引っ越しをして、5年ほど。暮らしの中におけるアートの比重がどんどん増しているご様子です。〈イデー〉が掲げるテーマのひとつ、〝アートのある暮らし〟をまさに体現しています。

今、注目のクリエーターの絵画やオブジェ、北欧のガラス器やアート的な工芸品、中南米のフォークアート（民芸品）……。大島さんが選ぶアートはジャンルレスで、国籍や地域もさまざま。買いつけや、アーティスト本人への取材などをきっかけに興味の幅をどんどん広げ、たくさんの影響や刺激を受けているからこその、セレクトです。

大好きな北欧の有名ガラス作家の取材をするうち、その作家が中南米やアフリカの民芸に影響を受けていたことを知り、自分が興味を持っていた分野につながって、ぐっと親近感を持ったこともあったそう。一見、バラバラに見える、大島さんのアートコレクションですが、好きなものの奥底に流れる〝なにか〟に、明らかな共通項があるようです。

「アートってパーソナルなものですから、自分がいいと思うことが、なにより大事だと思います。石ころだって、その人がいいと思えばアートになりえますよね」

右：書庫のような、コレクションルームのような部屋。好きなものが幅広く、なにに対しても掘り下げるのが楽しいと感じる大島さん。コレクションは膨らむばかりだとか。左：知人のお店のヴィジュアルに使われていた原画が気に入ったのをきっかけに購入した、折井淳平さんの作品2点。

エリック・ホグランの油絵。「ホグランは失明したのですが、再び見えるようになってから描いた作品は色が鮮やか。そういうストーリーを調べるのも好きです」。

ここ数年、民芸にも大きな魅力を感じ、コレクションが増えています。「おつきあいのあるアーティストの影響も大きいです」。メキシコ、南米など、出所はさまざま。

profile

大島忠智（おおしま・ただとも）さん

〈イデー〉勤務。バイヤーとして世界各地に買いつけに出向くほか、『LIFE CYCLING』の編集、プレス業務など、仕事の幅は多様。個人でDJとしても活動している。

〈Placer Workshop〉の
ィティ、右上は小板橋
ん、真ん中と左下は古
ん、右下はグイド・デ・
「親近感がわくせいか、
スタイルショップなど
した作品が多いです」。

北欧のファブリックやブランケットが印象的な寝室。デスク上の、生活必需品の中にもアートがちらほら見つかります。椅子はアート作品的な美しさがある、イルマリ・タピオヴァーラのヴィンテージ品。

Q いつも展示を気にしているギャラリーは？

アート専門のギャラリーよりは、ライフスタイルショップが企画する展覧会が好き。東京・青山の〈Swimsuit Department〉、吉祥寺の〈SAML.WALTZ〉、福岡・警固の〈marcello〉など。

郵便はがき

料金受取人払郵便

豊島局承認

1291

差出有効期間
平成30年3月
21日まで

1708780
052

東京都豊島区南大塚2-32-4
パイ インターナショナル 行

書籍をご注文くださる場合は以下にご記入ください

●小社書籍のご注文は、下記の注文欄をご利用下さい。**宅配便の代引**にてお届けします。代引手数料と送料は、ご注文合計金額（税抜）が3,000円以上の場合は無料、同未満の場合は代引手数料300円（税抜）、送料200円（税抜・全国一律）。乱丁・落丁以外のご返品はお受けしかねますのでご了承ください。

●**お届け先は裏面に**ご記載ください。
（発送日、品切れ商品のご連絡をいたしますので、必ずお電話番号をご記入ください。）

●電話やFAX、小社WEBサイトでもご注文を承ります。
http://www.pie.co.jp　TEL：03-3944-3981　FAX：03-5395-4830

ご注文書籍名	冊数	税込価格
	冊	円
	冊	円
	冊	円
	冊	円

ご購入いただいた本のタイトル

●普段どのような媒体をご覧になっていますか?(雑誌名等、具体的に)

雑誌(　　　　　　　　)　WEBサイト(　　　　　　　　)

●この本についてのご意見・ご感想をお聞かせください。

●今後、小社より出版をご希望の企画・テーマがございましたら、ぜひお聞かせください。

ご職業	男・女	西暦　年　月　日生　歳
フリガナ お名前		
ご住所(〒　—　)	TEL	
e-mail		
お客様のご感想を新聞等の広告媒体や、小社Facebook・Twitterに匿名で紹介させていただく場合がございます。不可の場合のみ「いいえ」に○を付けて下さい。	いいえ	

ご記入ありがとうございました。お送りいただいた愛読者カードはアフターサービス・新刊案内・マーケティング資料・今後の企画の参考とさせていただき、それ以外の目的では使用いたしません。
読者カードをお送りいただいた方の中から抽選で粗品をさしあげます。

4821 アート暮

左：壁に掛けた３つのかごは、マルック・コソネンの作品。「職人が作るクラフトという見方もできますが、彼の作品はすでにアートだと感じます」。右上：白い花器は、伊藤利江さん作。右下：ツリーオブライフと呼ばれる、メキシコ民芸の燭台。

Q いちばんお気に入りのアート作品は？

アメリカのサンタフェで出会った、古い木彫りです。「作家は不詳ですが、理想の夫婦像みたいで、見ていると楽しい気分になります。たたずまいにひとめ惚れでした」。

キッチンで使っている実用品も、センスある視点で選ばれたものばかり。その中にさりげなく、飾られているのは、スウェーデンの作家、オーケ・ホルムの直筆の絵。

右：「福岡の〈marcello〉の展示にはいろいろ刺激をもらっています。これはオーナーの藤井健一郎さんが作った、古材とアンティークのラッパを組み合わせたスピーカー」。左：1950年代と思われる、スウェーデンの染めのファブリック。「北欧らしからぬ、民芸的な雰囲気に惹かれました」。

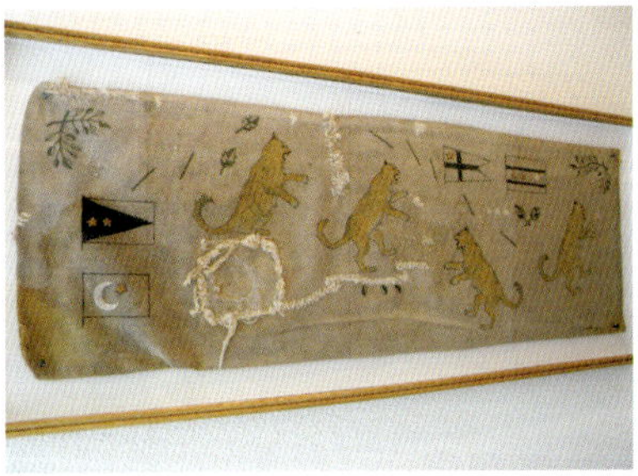

上：〈marcello〉で購入した、元永彩子さんの作品。「古い生活の道具（布の袋）に、作家が手を加えてアートにするというコンセプトに惹かれました」。下：能天気な雰囲気があって、クスッと笑えるような作品に魅了されることが多いという大島さん。ツンシ・ジラードの作品は、まさにその代表。「とくに女性の表情がよくて、つい眺めてしまいます」。

キッチンから廊下へつながる壁に作ったコーナー。海外の民芸品、若手作家3/22（さんがつにじゅうににち）さんの小さいカード絵などが、それぞれに自分たちの居場所をもらっています。

廊下も、さながらギャラリーの
様相を呈してきた大島さん宅。
壁を飾ったり、ベンチを置いて
フレームやオブジェを置いたり。
アートに囲まれる暮らしです。

ダイニングルームの壁2面を使ってアートコーナーに。ランダムに飾って、動きを楽しみます。「自分の城なんだから、好きなように飾るのがいちばん」と飾り方にルールは設けません。

09

アートは、心に潤いをもたらす存在であり、暮らしを楽しくしてくれる重要なもの

画家　Mさん

profile
大学で美術を学び、画家として活動を続けている。東京郊外の一軒家で夫と愛犬との暮らし。自身が描くだけでなく、ほかのアーティストの作品を実際に購入し、ともに暮らすことも楽しんでいる。

キッチンには、最初に購入したアートである、織戸ゆかりさんの作品が。小さいながらもパワーがあり、ものが多いキッチンでも存在感抜群です。「大学時代の恩師で、あこがれていて、目指している画家のおひとりです」。

シンプルでナチュラルなやさしい雰囲気のインテリア。無垢の木の家具や北欧のアイテムなどが取り入れられ、ほっと和む雰囲気です。この空間に夫と愛犬と暮らすのは、画家のMさん。大学で美術を学び、別の仕事をしながらもずっと描き続けていて、頻度はまちまちですが継続的に個展を開催しています。

そんなMさんなので、アートはもちろん身近な存在。ギャラリーに出入りすることも多く、必ず個展を訪ねるほど、動向をつねに気にしている画家も何人かいるのだそう。

「コンセプチュアルで、生命力がある作品に惹かれます。アートは作家のメッセージが込められたもの。そんな作家の思いを暮らしに織り交ぜることになるので、アートがあると部屋の空気感が変わると実感しています。さらに、アートは見るたびに心に作用。日々の暮らしに潤いをくれ、心にも蓄積されていく。それがアートと暮らす魅力です」

インテリアとしての存在感の大きさも見逃せません。実際Mさん宅でも、空間のアクセントとして、存分に力を発揮していました。「やさしい色合いで、具象と抽象の間にあるような作品に惹かれる傾向があります」とおっしゃるだけあって、飾っているアートはナチュラルな雰囲気のインテリアにぴったり。暮らしを彩る大切な存在になっています。

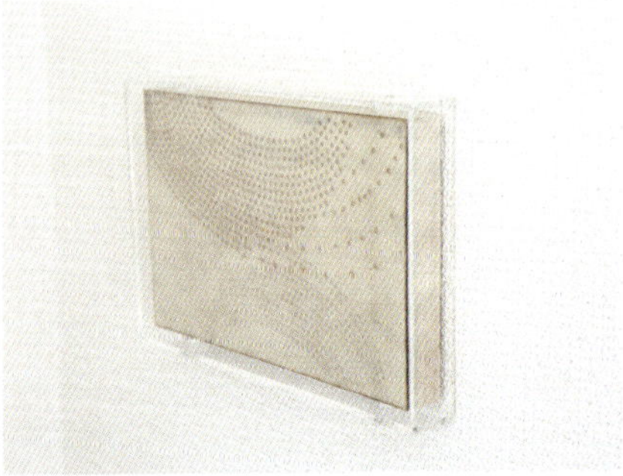

最近購入したのは、線香の火で和紙に穴をあけながら絵を描く、しもかわらさとこさんの作品。繊細な作品なので、近寄ってじっと見ることで美しさが伝わってきます。

上右：左ページのソファ上に飾っている向平真由美さんの作品。「抽象のようですが、風景画なんです」。余白が好きなので、マットはあえて大きめに依頼。上左：P68の壁に飾っている梅田恭子さんの作品。「自然をモチーフにした作品が多く、思いを感じます」。下右：P68の壁に飾っている織戸ゆかりさんの作品。小さい絵の回りに余白を作り、少し浮かすように額装したのは、Mさんのセンス。フレームはネットでオーダーができる〈額縁のタカハシ〉や〈マルニ額縁画材店〉で作ることが多いそう。

Q いつも展示を気にしているギャラリーは？

たくさんありますが、盛岡の〈Cyg〉、東京・高円寺の〈Gallery Café 3〉、代官山の〈GALLERY SPEAK FOR〉、お茶の水の〈ギャラリー1/f〉、小伝馬町の〈JINEN GALLERY〉などです。

右：濱崎仁精さんの作品。「ずっと作品を拝見しているのですが、お子さんが生まれてから作品がやさしくなった気がします。そういう作家の変化を追いかけるのも、楽しみのひとつです」。左：大きい作品はないので、組み合わせてボリュームを出しています。右は濱崎仁精さん、左の2枚は向平真由美さんの作品。

ソファの後ろの壁にもアートを。以前は賃貸暮らしだったため、壁に穴をあけることに抵抗がありましたが、家を購入してからは、どんどん壁に絵を飾るようになりました。

Q アートのある暮らしを身近にする工夫とは？

小さい作品を手にするところからはじめるのはいかがでしょうか？　私が持っている作品も3万円以下のものがほとんど。高いものでなくても、好きだと思う作家を見つけると、興味が広がります。

寝室にも、梅田恭子さんの作品を。「『月架』というタイトルなので、月が昇る東側の壁に飾りました」。Mさんが選ぶ絵の共通項ですが、ぐっと近寄って見ることでより美しさを感じる、繊細な作品です。

本を飾るスペースが欲しくて壁に設置した棚には、お気に入りのアート本を並べました。いちばん上の棚には越後しのさんの作品を飾っています。シナ木材に描かれているので、置いて飾れる気軽さも魅力です。

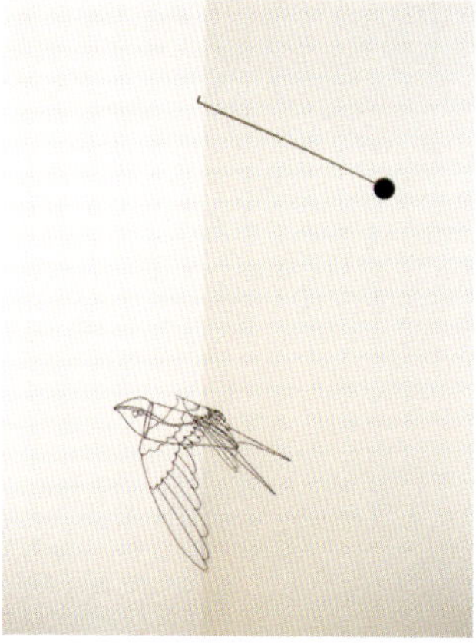

「線が好きなせいか、ワイヤーアートにもとても惹かれるんです」。上はキッチンのカウンターの上に飾り、下は階段の吹き抜け部分につるしています。山田一成さんの作品で、〈klala〉で購入しました。

パリのギャラリーに共同出品したときの仲間、ritomarusさんの作品。階段に直接フレームを置く飾り方は、壁に穴をあけたくない人に参考になります。

右：トイレなど狭い空間は、小さいアートを飾るのにぴったりの場所。向平真由美さんの作品。左：織戸ゆかりさんの作品は玄関にも。「できるだけ若いアーティストの展示を見に行って、応援の気持ちも込めて買うようにしています。そうすることで、よりよいアート作品が残っていくことの一助になれば……」。

10

住まいは、絵を飾って完成する。そうすることで、家が自分の空間になる

料理家・エッセイスト
門倉多仁亜さん

profile
門倉多仁亜（かどくら・たにあ）さん
料理家として雑誌や単行本でレシピを発表する一方、暮らしぶりにも注目が集まり、エッセイも多く手がけている。近著に『365日の気づきノート』（SB クリエイティブ）
www.tania.jp

右：和だんすをリビングに置いてチェスト代わりに。上にのせた額は〈イケア〉で購入したもの。左：池畑祥子さんの油絵。「美術の教師だった義姉の作品です。亡くなった後に、甥っ子がプレゼントしてくれました」。

料理家であり、暮らしに関するエッセイ本などを何冊も上梓している門倉さん。ドイツ人の母や、海外に暮らした経験の影響もあるのか、ご自宅は、欧米のインテリアのエッセンスを感じさせるたたずまい。「母に教わったのは、住まいは最後に絵を飾って完成するということ。絵画がないと個性が生まれず、家が自分のものにならないんですよね。アートと呼べるようなものではなかったですが、実家にもたくさん額が飾られていました」。

ソファの上に飾っている版画は、亡き義姉が大好きだった船越桂さんの作品。思い出にしようと思いきって購入したものだそう。「見るたびに義姉を思い出すことができるので、いいなと思っています」。

その義姉の縁で知り合った写真家の写真や、大好きな画家のオリジナル作品を飾る一方、雑誌の切り抜きを額装したものや、〈イケア〉で購入した1980円のポスターフレームを飾るなど、〃本物〃のアートと、インテリアアイテムを織り交ぜながら、取り入れているのが門倉さんらしさ。アートに対して身構えることなくつきあっているという証拠です。

「毎日見ていて、すてきだなと思うもの。それが私にとってのアートかな？　ポストカードだって眺めていて幸せだから、それもアートとして楽しんでいます」

リビングの主役は船越桂さんの版画。思い入れのあるアートが1点あるだけで、空間が上質な空気をまといます。アートの数は決して多くはないのに、効果的に飾られているのが印象的。

大好きな画家、マツモトヨーコさんのオリジナルの絵画は個展で買い求めたもの。廊下に飾っています。「自分の家が描かれているかと思うくらい（笑）、勝手に親近感を抱いています」。

マツモトヨーコさんを知ったのは、〈伊東屋〉で買ったポストカードがきっかけ。そのカードをフレームに入れて飾っていたら、それを見た料理教室の生徒の知人だということが判明。ポストカードもたくさん持っていて、ときどきフレームの中身を入れ替えて飾っています。

キッチンには雑誌の切り抜きを。マットも付けてフレームに入れているので、アートのような存在感。マットは、ネットでオーダーができる〈ゲルボア〉で購入することが多いそう。

義姉の関係で知り合った志鎌猛さんの作品を書斎に。「手すきの雁皮紙＋写真の古典技法であるプラチナプリントで表現された、繊細な奥行きに惹かれました。アートは自分にとって、なんらかの縁やストーリーがあるものを購入することが多いです」。

アートを飾るときに気をつけていることは？

切り抜きやポストカードであっても、マットを付けて、ガラスなどのあるフレームに入れるようにしています。光の反射が生まれて、見え方がそのときどきで変わり、空間にも奥行きが生まれます。

同じキャビネットを2個並べ、その上に同じサイズの同じ作家の作品を2枚並べる手法は、インテリアがまとまりやすく、すっきり見えるので、まねしやすい飾り方。

フランス・アルザスに旅したときに買ってきたピッチャーは、フランスの民芸品。フォークアートのひとつといえそうです。

玄関ドアを開けると目に飛び込んでくるのが、長い廊下のような玄関ホール。左側は収納になっているので生活感あるものはすべて隠し、アートの映える空間に。右の壁には、伊藤さんの手による水彩画を飾っています。

アートは特別なものではなく、花を飾るのと同じくらい身近なこと

バーズワーズ主宰
富岡正直さん・伊藤利江さん

左の鳥のオブジェは、伊藤利江さん作。照明の力で、さらにドラマチックかつ、迫力あるディスプレイに。正面の墨絵は、しょうぶ学園の翁長ノブ子さんの作品。

玄関入ってすぐ、左側の棚にあえて作った、ウインドウ越しのディスプレイスペース。「お正月は伊藤作の鏡餅など、季節ごとに飾り替えをしています」。今飾っているのは、アメリカのアナンダマイー・アーノルドの紙のオブジェ。

profile
富岡正直（とみおか・まさなお）さん
伊藤利江（いとう・りえ）さん
陶器ブランド〈バーズワーズ〉のディレクターを務める富岡さん。デザイン・制作を担当する伊藤さん。1歳と4歳のお子さんとの4人暮らし。
birds-words.com

細く長く続く玄関ホール。そこに並ぶのは住まい手である、伊藤利江さんの水彩作品。まるで、どこかのギャラリーを訪ねてきたように気持ちが高まるお宅です。さすがは、人気陶器ブランド〈バーズワーズ〉を主宰するご夫婦。ともにクリエーターというだけあって、アートと暮らすようになったのは自然のなりゆき。仕事柄、ギャラリーやライフスタイルショップが企画する展示会に出向く機会も多く、アートと出会うチャンスも豊富。手にする作品も少しずつ増えてきました。

バーズワーズでは、工房制作品も作家による1点ものもどちらも販売しているだけに、それぞれに魅力があると感じているふたり。「1点ものには、その1点にしかない力強さがあると感じます。必ずしも実用性があるわけではないですから、アートを手に入れるからには、なにかしら心が動かされるものでないと。自分たちに見えない影響を与えてくれるものに惹かれます」と富岡さん。創作活動の参考にもなると感じているそう。

「アートを特別なものとは思ってないんです。花を飾るのが自然であるように、アートと暮らすのも自然なこと。気持ちが落ち着く存在です」とは伊藤さんの弁。だからこそ、お子さんふたりとの家族暮らしの中にあたりまえにアートがなじんでいるのです。

金沢で購入したベン・シャーンのリトグラフをソファ後ろの壁に。老舗雑貨店で売り物かどうか分からない程度に、さりげなく飾られていたものだとか。「旅先はふだんできない買いものを思いきってできますね。店主のお話をいろいろ聞いて、購入を決めました」（富岡さん）。リノベーションは、青木律典さん（P38に登場）に依頼。

上：ダイニングの奥、グリーンの陰に飾られているのは伊藤さんのシルクスクリーン。「生活になじむアート」に惹かれるというだけあって、伊藤さんの作品にもほっとする空気が漂います。中：伊藤さん自身の作品に生け込むように飾ったのは、フィンランドのおばあちゃんが作った陶製の花。〈dieci〉で購入しました。クラフトであり、アート。そういうものが多く並びます。下：福岡で購入した 3/22（さんがつにじゅうににち）さんのオブジェ。

右：リビングの１角。窓と窓の間の壁部分。リノベーション時に伊藤さん作のタイルをはめ込み、アクセントにしています。その隣にはリサ・ラーソンの陶板を。左：キッチンの壁にも伊藤さん作のタイルを貼りました。手仕事ならではの凹凸や質感が、市販品では決して得られない味わいをかもし出しています。調味料入れに、ユニークピースのつぼを使えるのは、自作だからこその贅沢。

リビング脇の小部屋に置いた棚には、リサ・ラーソンなどの陶のオブジェや、ヴィンテージ品などがぎっしり。「小さい子どもたちの手が届かないよう、飾るのは棚の上が多くなります」。

寝室の棚は詰め込み過ぎず、それぞれの作品が映えるようにディスプレイ。ブルーグレーの壁色が作品を際立たせます。伊藤さん作の鳥のオブジェの下には、盛永省治さんの木工作品が。

テレビのコーナーの壁面には、ヘザー・レヴィンの作品をずらり。流木やセラミックなどを組み合わせて作られたもの。フォークアート的でありつつ、モダンです。

Q いつも展示を気にしているギャラリーは？

アートだけでなく、陶芸、ファブリックなど、ジャンルにこだわらず、いろいろなものを展示をするギャラリーを見に行くことが多いです。大阪・南船場〈dieci〉、内本町〈SHELF〉は好きでよく伺います。

リサ・ラーソンのユニークピース。「4年前に、どうしても欲しくて購入しました。しばらくは食費を質素にしたほどです。それくらい欲しいと思いました」。

右:フォークアート(民芸品)も、アートと考えているおふたり。「きっちりし過ぎていない手仕事によって作られる模様は、自分が作品を生み出すときの参考になります」と伊藤さん。廊下には、アフリカのコンゴの、ラフィアの織物を飾りました。左：寝室の入り口に飾られていたのは、松林誠さんの作品。互いの作品を気に入り、陶器と絵を交換したのだそう。アーティストならでは！

12

家にあるからこそ、光や自分の気分がもたらすアートの変化を楽しむことができる

料理家　小堀紀代美さん

料理教室のアトリエにしているスペース。インパクトのある壁紙を貼ったところに、油絵を。空間がぐっと締まります。ネットで見つけた作者不詳の１枚。

profile

小堀紀代美（こぼり・きよみ）さん
料理家。今はなきカフェ〈LIKE LIKE KITCHEN〉のオーナーを経て、現在は料理教室を主宰しながら、雑誌や単行本で活躍。近著に『スプーンで作るおやつ』（主婦の友社）。

料理家の小堀さんのアートデビューは、なんと19歳！　分割で購入されたのだそう。「当時、働いていたギャラリーで18万円のものでした。絵を売るからには、自分も1枚は持って家に飾ってみたかった。そのほうがお客さまにもアートのある暮らしの楽しさをきちんと説明できると思ったから。でも、なにより、その版画がすごく気に入ったんです」。

　そんな経験があったうえ、夫がアート好きなこともあり、アートは小堀さんの暮らしの一部になりました。「気分によって見え方が違ったり、時間帯で変わる光によって色に変化を感じたり。それって、家にアートがあるからこその魅力ですよね」。

　とはいえ、有名なアーティストの作品かどうかは、小堀さん夫婦にとっては関係ないこと。ギャラリーで購入した数十万円のアートもあれば、じつは誰のものだか分からないままに、絵の魅力だけでネットで購入したものまで。それが小堀さん夫婦のアート選びのおもしろいところ。「作家が分からなくてもすてきで、飾っていて心地いいと感じるものなら、それでいいんです。絵は次世代の誰かに残すべきものだと思っているので、ときを経て、また誰かに〝いい！〟と感じてもらえるように、無名なものでも掘り起こして、つなげていきたいですね」。

大きなサイズの絵画の、空間に与えるインパクトたるや！ 15年ほど前に購入した、児玉靖枝さんの作品を中心に据えました。絵に合わせてダイニングのテーマカラーは、グリーンに。

こちらも作者不詳の1枚。「ヨットがモチーフで、色合いや質感、構図などが好きだなと思って買いました。自分の目利きを信じて楽しんでいます」。

1960年代に建てられた集合住宅の、古きよき雰囲気を生かしてリノベーションした空間。広めな玄関ホールでも児玉靖枝さんの作品が迎えてくれます。

Q 最初に買ったアートはどれ？

19歳のときに購入した、デビット・シュノイヤ　の版画です。「ばらが描かれた椅子、人々の愛嬌のある表情に惹かれました。この作品を見て、アートに興味がなかった両親も、この方の作品を買ったんですよ」。

ローボード上には、のみの市で購入したおもちゃのようなものから、北欧のライト、〈バカラ〉のキャンドルスタンド、日本の作家の陶製オブジェなど、さまざまなもの並びます。

アートだけでなく、生活雑貨や世界の民芸品などもあちこちに飾られている小堀さん宅。「各国ののみの市が好きなので、古道具的なものの美しさにも惹かれて飾っています。アートかどうかは、区別していませんよ」。

キッチンには、アンディ・ウォーホルの、オリジナルシルクスクリーンポスターを飾っています。鍋を磨くスチールスポンジがモチーフなので、キッチンにぴったりです。

夫の部屋兼プライベートリビングにもアートがずらり。作者不詳のもの、画集から切り取ったもの、夫の作品（上段中）など、自分たちの視点で選んだものを壁に掛けています。

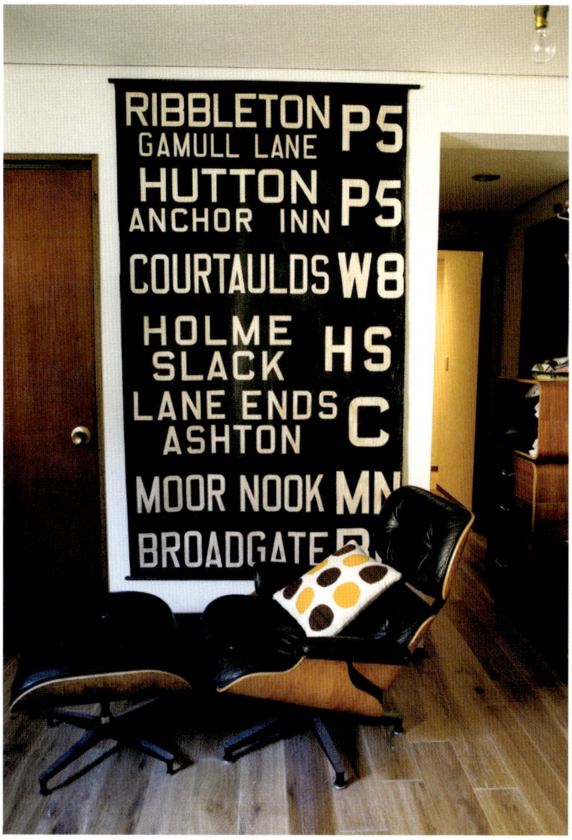

海外のバスで行き先表示として使われていたバスロールサイン。最近、インテリアアイテムとして人気沸騰中ですが、壁に飾れば立派なアート。大きい作品は空間を引き締める効果大です。

ふらりと見つけた作品を壁に。モダンな家具に重厚な油絵を合わせ、さらに夫の描いた猫のイラストを飾るバランス感覚。この緩急あるセンスが小堀さん宅らしさです。

右：壁に飾ったアートは最近の旅の戦利品。パリののみの市で出会ったそう。中："気に入ればなんでもあり"なことがよく分かるコーナー。アジアを旅したときに購入した人形、リサ・ラーソンのオブジェ、鉛筆削りまでが同等に並んでいます。左：北欧を旅したときに購入した、リサ・ラーソンのオブジェも多数。

マンションをリノベーションして手に入れた心地いい空間の壁には、小さな陶のオブジェや絵画をランダムに並べて掛けています。店名にちなんだ、黄色い鳥モチーフの作品がいくつか。

13

訴えかけてくる〝なにか〟があれば、絵も器も民芸品も、どれもアートだと思う

器店店主
高橋千恵さん

上：棚の上には白い作品を集めたコーナーを作っています。下右：かとうゆめこさんの作品が好きで、何枚か購入しているだけでなく、店でも個展を開催。店名にちなんで、かとうさんが描いて送ってくれたという直筆の絵ハガキを額装して飾っています。味わい深いゴールドフレームは中村明博さんにコーディネートを依頼して作ったもの。下左：各地の民芸品やローラ・カーリンの絵付け皿など、カラフルなものを並べた棚の上のコーナー。

東京・国立にある〈黄色い鳥器店〉は、店主・高橋さんの独自のセレクトに信頼が集まる器店。最近は器だけでなく、絵画やオブジェなど、少しずつアート作品を紹介することも増えてきました。ご自宅も、お店同様、高橋さんの視点で選ばれた絵画、オブジェ、器、そして、日本各地で作られる民具。さまざまなものが並んでいます。

「えっと、これ、どなたの作品だったかな？うちにある作品の中でもいちばん高いくらいなんだけど……」と、苦笑しながら考え込んだ高橋さん。名前が覚えられないというより、そもそも名前を覚える気がないという様子がありありです。「〝だれだれ〟の、〝なに〟という風に作品を追いかけていないんですよ」。もちろん、その作品へのリスペクトはある。そして、美しいと思い、〝なにか〟を感じてもいる。高橋さんにとっては、それがすべて。つまり、アートを選ぶ基準は名前にはなく、自分がどう感じるか。

「クラフトとアートの境目は、私はないと思っています。そもそも、線を引く必要がない。自分に対して訴えかけてくるものがあれば、アート。毎日使いながら、『このお皿はアートだ！』と感じていますし。道の駅で購入した地方の民具にも美しさを感じるので、やっぱりそれもアートですね」

Q アートを飾るときに気をつけていることは？

いくつかを並べるときは、主役になる作品をひとつ決めてから飾ります。まずその作品の位置を決め、回りに飾りたいものを並べてバランスを取ります。余白を意識して残すことも気をつけています。

右：高橋さんのアートへのニュートラルな姿勢がよく分かるコーナー。イギリスの画家、ローラ・カーリンの絵といっしょに、民芸品であるかごやほうき、鍋敷きなどがアートのように飾られ、絵になる壁面になっています。
下：ローラ・カーリンの個展を店で開催したときに購入したもの。

profile
高橋千恵（たかはし・ちえ）さん
東京・国立にある器店〈黄色い鳥器店〉の店主。大学で美術を学び、陶芸の訓練校へ。流行に流されない器、アートのセレクトに定評がある。
kiiroi-tori.com

「凧やうちわって、本当に美しいし、アートだと思う」と高橋さん。梁にずらっと並べました。リースの作品は、アートだと意識して買った最初のもので、二名良日さんの作品。「現代アート的で、大きい意味があると感じました」。

右：木箱の上に飾ったのは、かとうゆめこさんの線画作品。「久しぶりに線画を出されたので、熊本の〈さかむら〉まで伺いました。かとうさんの描かれる線がすごくよくて、そこに惹かれます」。左：藤川孝之さんのドローイングはクリップピンでカジュアルに飾っています。繊細で淡い色のトーンの重なりは、直筆だからこそ、より感じられる美しさです。

丸山真琴さんの絵は、壁に取り付けたアンティークの箱の中に。アートを身近に感じる、アイデアあふれる飾り方です。「彼女の作品は細かいところに発見があり、見れば見るほど絵の中に入っていける感じが好きです」。

高橋さんが使うたびにアートだと思う、この小皿は、寺門広気さんの作品。彫刻を学んできた寺門さんの作る器は、不思議な脱力感が魅力。

リビングのコーナーには、段ボールで作られた燭台の形のオブジェ（作家不明）、円形の陶製の壁掛け花器（田中啓一さん）、ローラ・カーリン直筆の絵タイルが。

上：イエローのストライプの壁がかわいいアトリエの一角。かとうゆめこさんの作品を掛けました。
下：寺門広気さんの、四角い絵皿は壁に掛けて楽しんでいます。ペンキの刷毛などと並べて飾るところが高橋さんらしさ。

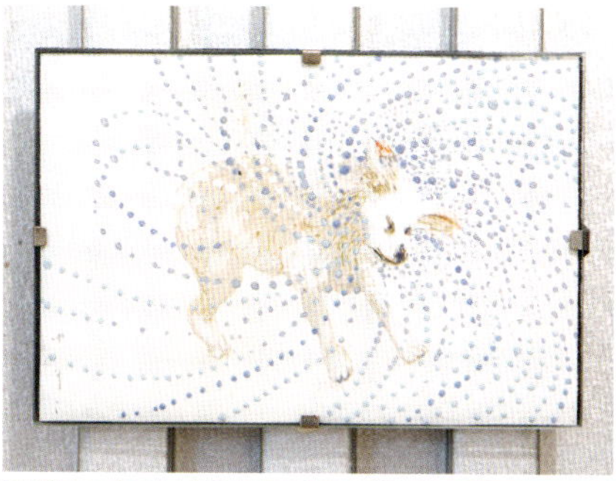

洗面所の壁にも、かとうゆめこさんの作品が。羽のある絵ばかりが集う、羽の絵展で、自分用に購入したもの。ハガキサイズの小さな作品ですが、絵が持つパワーがぐっと広がりを感じさせます。

明るく広いLDKに入ると目に飛び込んでくるのが、草間彌生さんの作品。「素直にきれいと感じ、惹かれました」。リノベーションは〈アートアンドクラフト〉www.a-crafts.co.jp に依頼。

14

感覚を刺激してくれたり、認識を深めてくれたり。だから、アートは楽しい

会社員　Yさん

profile

Yさん
大阪在住。教育系の会社に勤務。マンション購入を機にアートコレクターに。次は、若い作家の作品に出会いたいと模索中。

茶室をイメージさせる、漆黒の玄関を通り抜けると、真っ白の明るい空間が広がるYさん宅。5年ほど前にリノベーションした空間です。リノベーションを依頼したのは、〈アートアンドクラフト〉。少しずつ買い集めたアートが映える空間にするというのが、リノベーションの主目的のひとつでした。

「アートを買うようになったのは、20年ほど前から。マンションを購入したときに、ガラーンとして寂しいなと思ったのがきっかけです」。そうして訪ねた百貨店の画廊で、アイズピリの版画を1枚購入したのを機に、ぐっとはまったそう。「洋服とか時計とか、なにかに〝はまる〟ことってありますよね？　それがアートだったんです」。

子どものころは画集を眺めて、クレーやモンドリアンを好きになったり、大人になってからも美術館に出向いたり、絵画教室に通ったりと、アートを楽しむことはずっと身近だったというYさん。本物のアートを買うことは自然の流れであったのかもしれません。

「アートは、飾ると気持ちがいいというのはもちろん、ものの見方を違う角度から提示してくれる存在だと思います。ふだん見慣れているものでも、『こういう見方があるんだ！』と気づかせてくれ、感覚を刺激してくれます。ものへの認識が深まったり、広まったり。だから、アートは楽しいんだと思います」

大好きな美術館の、暗い地下から明るい地上へとつながるコントラストに惹かれ、玄関はあえて天井を低くし、真っ黒な空間に。奮発して購入した長谷川潔さんの版画を2枚飾るための空間です。「惹きつけられる感じで、これこそがやっぱりアートと感じました。虫眼鏡でディテールを見ると迫力がありますよ」。

キッチンに立ったときや、ダイニングのいつもの定位置に座ったときに見渡せるように版画を配置。奥の2枚はポール・アイズピリの版画です。右側のピンクの作品が最初に買ったアート。

2

1

4

3

1. テレビの上に飾ったのもポール・アイズピリの版画。「黄色、ピンク、青と3色を揃えてしまいました。一気に版画にはまったので、ある意味悪のりだったかも（笑）」。2. 建築家の妹島和世さんがデザインしたフラワースタンド〈HANAHANA〉も、アート的な一品。木をイメージさせる枝の先には花が生けられます。壁の上に飾っているのは、カウパレードイベントで展示された牛のフィギュア。3. ヴェネチア・ビエンナーレでの、やなぎみわさんの展覧会のポスター。「彼女の作品の物語性が好き。写真が購入できるなら手に入れたいですね」。4. 寝室。黒色の壁紙とのコントラストで、ベルナール・カトランの版画の、赤色の美しさが際立ちます。

暮らし全体がアートといいたくなるほど、家自体、家具、インテリアアイテムなどすべてが、研ぎすまされたセンスと知識で選ばれている空間。森の写真は、サンテリ・トゥオリの作品。

15

身銭をきってアートを手に入れることはその後の人生を楽しむ糧になる

会社員　Oさん

profile
Oさん
美大で学び、アート関連事業を取り仕切る会社に就職。暮らしとアートの融合を目指し、展覧会の開催、公共事業のアートプロデュースなど、さまざまな活動を行っている。

窓際でキラキラと輝いているガラス作品が並ぶコーナーには、フィンランドのものが多いそう。左上に並ぶ気泡の入った作品群は、グンネル・ニューマン作。

アルヴァ・アアルトのデザインによるヴィンテージ家具をたくさん持っているOさん。そのスツールを使って、カティア・トゥキアイネンが自作したアート作品も。

美大を卒業し、アート関連の仕事をされているOさんにとって、アートは人生から切り離せないものです。ご自宅も私設美術館かと見まがうほど、作品が満載。「自分にとっては、アートと暮らすことがふつうで、ないことが想像できません。会社員ですし、高給取りでもないので、できる範囲で楽しんでいるだけです」。とはいえ、家全体から並々ならぬ、アートへの愛を感じます。

生活とアートの融合は、公私においてOさんのテーマ。多くの人にとってアートが身近になるべく、仕事でも奔走しています。アーティストとのつきあいも幅広く、所有している作品も、いっしょに仕事をした、もしくは仕事をしてみたいアーティストのものが多いのだそう。「作家をより理解したいから作品を購入し、暮らしの中で楽しみます。収集が目的ではありません。一時期、僕がお預かりしている気持ち。その価値が損なわれないよう保持し、次の世代に受け渡していければいいと考えています」。

今ではたくさんのアートを所有しているOさんも、25歳で買った最初のアートはローンだったそう。「身銭をきってアートを買うと自分の中に基準ができ、美意識を持つことにつながります。よりよく人生を楽しむための糧になりますよ」と教えてくれました。

リビングのワンコーナーにあるデスク。デザインの優れた家具もアートと考えるOさんは、アルヴァ・アアルトがデザインした、レアなヴィンテージ品を愛用しています。

1

4

3

1階から3階へと、らせん状につながっている階段の回りの壁はアートを飾るための場所。残念ながら写真では全体像が伝えられませんが、階段を上りながら、アートを間近で堪能できるようになっています。1. 本棚横にある壁には、草間彌生さんの自画像が。2. 最上階の壁を階段の手すり越しに見たところ。壁2面を使って、作品をいろいろ飾っています。3. 右は、ラング / バウマンの作品。階段を上りながら見られるように、階段に合わせて作品もずらしながら。つねに目の前にアートがある状態に。4. 日本人のふたり組のアーティスト、エキソニモの作品。細かい文字をびっしり書き込んで、その画数による濃淡で岡本太郎氏の顔を描き上げています。

ダイニングキッチンでは、グルーヴィジョンズのチャッピーのマネさんが迎えてくれます。床に置いたのはヨーゼフ・ボイスの、マルチプルのサイン入りポスター。「10年くらい探して、ようやく手に入れました」。

右：3階の壁にはアートがずらり。たくさんあって飾りきれないので、しまっておくよりはと考えた苦肉の策だそう。左：同じく3階にある茶室。山口藍さんに依頼して屏風に絵を描いてもらいました。

Q 最初に買った、アートはどれ？

勤めはじめたころに買った、石原友明さんの作品が最初だと思います。当時の月給よりも高かったので、ローンを組みました。でも、思いきって購入したことで自分の価値基準が定まった気がします。

茶室の窓側のコーナー。マリメッコで活躍した石本藤雄さんの陶芸作品が、和の空間を引き締める存在になっています。カラフルな作品も多い作家ですが、ここにはあえて黒いものだけ。

Oさんの別宅にもアート発見！

築50年以上たつ、吉村順三さん設計の建物が、箱根の豊かな緑の中に映えます。

タピオ・ウィルッカラのデザインしたサイドテーブルは、貴重なもの。

奥のソファと手前のイージーチェアは、ハンス・J・ウェグナーのデザインによるもの。壁に掛けているのは、石本藤雄さんの陶製の立体オブジェです。

絵画やオブジェだけでなく、家具や建築もアートの一環と考えるOさん。最近購入した箱根にある集合住宅の1室は、ある意味大きなアートといえる存在です。吉村順三さんが設計した建物で、別宅として使用中。

「購入したときは、設計当時の内装を隠すようにしてリフォームされていたので、できるだけ当時の雰囲気に戻すことに尽力しました。障子のデザインも、シンプルですが美しいですよね」。当時の雰囲気を取り戻した内装に、北欧ヴィンテージの家具やイサム・ノグチのローテーブルが見事に調和。アートとして建築や家具が楽しめる空間になりました。

ダイニングチェアにしているのは、建物の設計者である吉村順三さんがデザインしたもの。設計者へのリスペクトを感じるセレクトです。テーブルはアルヴァ・アアルト。

和室の主役は、河原温さんの展覧会の、シルクスクリーンポスター。作家の100年カレンダーがビジュアルとして使用されています。テーブルは、イサム・ノグチのデザイン。

いっしょに長年仕事をし、プライベートでも親しくしている葉山有樹さんの作品。凛とした、気品のあるたたずまいが50年前の内装を生かした空間によく合っています。

山城隆一さんの作品。「グラフィックデザイン界の巨匠で、若いころにすごくお世話になった方です」。

PART 2

アートのある暮らし お役立ち帳

アートと暮らしてみたい、
アートのある暮らしをはじめたい、
そう思っても分からないことがいろいろ。
選び方、飾り方、出会える場所などについて
役立つ情報を集めました。

アートと暮らすインテリア Q and A

アートとの暮らしをはじめてみたいけれど、
なじみがない人にとっては、いろいろ分からないことも多いもの。
そこで、はじめてアートを暮らしに取り入れる人が
素直に感じる疑問を、アートアドバイザーの奥村くみさんに伺いました。

お話を伺った人
奥村くみさん

アートアドバイザー。大手ハウスメーカーにインテリアコーディネーターとして勤務した経験を生かしながら、確かな審美眼で自宅に合わせたアートの選定、飾り方などをアドバイス。奥村さんがセレクトするアートを実際に見て購入ができるアートイベントや、アートの飾り方レッスンなども主催。
www.allier.jp

Q1 インテリアに合うアートって、どういうもの？

インテリア自体が千差万別なので、これがインテリアに合うアートと言いきるのは難しいものです。なによりの基本は、自分や家族が好きだと思う作品を選ぶことです。とはいえ、〝なんじゃ、これ！〟〝ちょっと気持ち悪い〟と思ってしまうようなアートもありますよね。もちろん、好きと思うなら、それもありなんですが、インテリアとして飾るということは、アートといっしょに暮らすということ。だから、ふだん自分が暮らす空間の中に置いている様子を想像して、自分が心地いいと感じるかどうかを考えてみるといいと思います。〝心地いい〟〝落ち着く〟〝ほっとする〟と感じるなら、それこそがあなたのお宅のインテリアに合うアートです。

P84～の小堀さん宅

まとめ 心地いいと感じるものが
自分の家のインテリアに合うアート

Q2 アートを買おうと思っている人がまずすべきことは？

やっぱりたくさんの作品を見て、自分の好みを知ること、そして自分の審美眼を鍛えることから、はじめるしかありません。アート初心者は、自分の好き嫌いさえも把握できていないもの。でも、いろいろな作品を見るうちに、好みがはっきりしてくるので、とにかく、いろいろ見るようにしてください。

そのときに、ぜひやってほしいのが、ギャラリーの中にある作品をひとつだけ買うとしたら、どれにするかを考えてみること。そして、その作品が自分の家にある様子を想像してみること。絶対に買えない値段帯のものでも、美術館の作品でも同じです。ただ漫然と見るのではなく、真剣に〝選ぶ〟〝買う〟〝家に飾る〟ことを意識すると、かなりの訓練になり、見る目が育ちます。

「買うとしたら、これ！」「これは、わが家のあの場所にぴったり！」などと具体的にイメージすることを繰り返すうち、アートがぐっと身近に感じられるはずですよ。

まとめ 「買うならどれ？」「家ではどう飾る？」を、
美術館やギャラリーで
必ず想像してみることからスタートして

P52 〜の奥村さん宅

Q3 うちが片づいて整ってからアートは買うべきですよね？

いえいえ、そんな状態になるのを待っていたら、いつまでたってもアートのある暮らしは手に入りません。気に入ったものが見つかったなら、まずはひとつ手に入れてしまったほうが得策です。アートを飾るとその存在感ゆえ、「せめてその回りだけでも」ときれいにしておきたくなるのが人間というもの。そうやって、アートのあるコーナーだけでも片づけているうちに、整っている心地よさ、アートのある暮らしの豊かさに気づき、ほかの場所へもいい影響が表れます。それくらい、ひとつのアートが暮らしに与える影響って、大きいんです。

まとめ 片づいてから買おうと考えるのではなく、ひとつ手に入れてしまうと、部屋も片づくはず！

Q4 自分好みのアートはどこで探せばいいの？

はじめは、私自身もアートをどこで探せばいいのか、分かりませんでした。ひとつひとつ気になるギャラリーを巡っているうちに、好きな作家と出会ったり、ここに行けば好みのものが展示されているというギャラリーを見つけたりと、こつこつ積み上げてきた感じです。とはいえ、なかなか、そこまでの時間も労力もかけられないのが現実でしょう。

そこで、おすすめは、一度にいろいろなギャラリーやアーティストの作品が見られるアートフェア。最近は東京、大阪だけでなく、各地方でアートフェアが開かれています。たくさんの作品が一同に会しているうえ、値段もオープンにされていることが多く、分かりやすいのも魅力です。1万円の作品もあれば、数百万円のものもあり、アートの値段感覚も少し分かってくるかもしれません。

その場で好きな作家や作品に出会えればラッキーですし、〝これ！〟というのが見つからなかった場合は、自分好みの作家を多く出品しているギャラリーに注目し、そのギャラリーが企画する展覧会に出かけてみるといいでしょう。闇雲に、あちこちのギャラリーを訪ね歩くより早く、自分の好きなアーティストに出会えるはずです。また、ギャラリーがやっているグループ展に出かけると、一度に何人ものアーティストの作品が見られるので、好みの作家が見つけやすくなります。

最近は、アートブロガーもいろいろいらっしゃるので、そんなブログをチェックしてみるのも一案です。意外にいい情報に巡り合うことがあります。

まとめ たくさんの作品や作家と出会えるアートフェアを利用。ギャラリーのグループ展もいろいろなタイプの作品と出会うチャンスです

SNSを活用するという方法も

今すぐできる、ギャラリーやアーティストの探し方として、SNSを活用するという手もあります。ギャラリーも、HPよりこまめに展示の様子を公開していることがありますし、一般の人がギャラリーを訪ねた様子に言及していることも。インスタグラムのハッシュタグで気になるギャラリー名やアーティスト名で検索するほか、「ギャラリー」「アートギャラリー」「アートのある生活」などのワードで検索してみるとおもしろい発見があります。

05 アートの予算って、いくらくらいから？

コート1着分やバッグ1個分からと考えてみるのはいかがでしょうか？　今年買う1着1個をあきらめて、その分をアートの予算にするという考え方です。洋服やバッグは人に見られるものであり、自分を表現するものだから、しっかりお金をかけるという方も多いと思います。一方で、アートはしょって歩いて、人に見せることはできません。とはいえ、アートは、自分を中から磨き、私たちを魅力的に見せてくれる存在です。毎日眺めながら暮らすことで、私たちの細胞にしみ入って、人となりに作用してくれると思うんです。ファッションと同様、いえ、それ以上にアートと暮らすことは人を魅力的に変え、オーラを作ってくれると、私は信じています。

例えば、5万円のバッグは、一度使えば、もう中古。買った途端価値が下がりますが、アートはそうではありません。5万円あれば、若い人の小さい作品なら十分に入手が可能です。アーティストの作った、この世に1点だけのものは、代えがたい潤いを暮らしに与えてくれます。そして作家とつながることができ、これからの成長を追いかける楽しみも生まれます。そのうえ、大きく化ける可能性まであるのです！

これは、私の考えですが、安く抑えようとして、範囲を狭めて探すより、本当に気に入ったアートに、ちょっとだけ〝思いきった〟と感じる金額を出すのがおすすめです。アートをより大事にしますし、作家のその後の成長を気にするようになりますので、得られる楽しみも大きい気がします。

まとめ　アートは自分を中から磨き、内面から輝かせてくれる存在。コート1着、バッグ1個をあきらめてアートに予算を回してみて

P24～の山内さん宅

06 飾る場所を決めてから、アートを選んだほうがいいですよね？

アートは、基本、一点もの。日用品と違って、用途を決めて探してしまうと、貴重な出会いを逃してしまうことになりがちです。つまり、「この場所に飾るアートを」と思って探すと、一向に〝これ！〟と思えるアートに出会えないものなのです。逆に、〝ここにぴったり！〟と思って購入しても、置いてみるとしっくりこないこともよくあります。だから、まずは作品ありきがおすすめ。気に入ったものを購入して大丈夫です。自分が心から好きと思った作品なら、必ず、家のどこかにぴったりの飾り場所が見つかります。家のあちこちにおいてみて、いちばんしっくりくる場所を探してみてください。

まとめ　“ここに飾る”と決めつけないほうがベター。これぞという作品に出会えば、飾る場所は自然と見つかります

P24～の山内さん宅

フレームの高さに注目してみてください。思ったより、低い位置なのではないでしょうか？　最初に考えていた位置より、低めに飾ってみるとぐっとセンスよく見えます。左・中 P52～の奥村さん宅　右 P74～の門倉さん宅

07 アートを上手に飾るために気をつけるべきことは？

壁にアートを飾るときに意識すべきは、高さです。日本では昔から鴨居にものを掛ける習慣があったせいか、時計を掛けている位置が高過ぎると思うことがよくあります。アートも同じで、見上げるような高さに絵を掛けているお宅が多いと感じます。

なので、最初に思っていた高さより、ぐっと低めに飾ることを意識して、作品といちばん対峙できる位置を探ってみてください。座って眺めることが多い場所なら、座って位置を確認することも大切です。低めに掛けるだけで、作品がよく目に入ってくるだけでなく、空間がずいぶんとあか抜けて見えてくるはずです。

もうひとつは、下に置くものとのバランスを考えること。例えば、日本の床の間。掛け軸を飾った下には、花やつぼ、盆栽などを飾ったりしますよね。海外のインテリアの写真を見ていても、アートの下には小ぶりな家具やコンソールテーブルを置いています。そういうイメージでアートの下になにかを置くと、アートが単体で浮いてしまうことがなくなり、インテリアになじみながらも、存在感のあるコーナーが完成します。

飾ったフレームの下には、チェストだったり、ミニテーブルだったり、椅子だったり。“受け”になるものがあると、アートが浮きません。花やグリーンを飾るのもすてき。上 P16～城さん・白石さん宅　中・下 P52～の奥村さん宅

まとめ　壁に飾るアートは低めを意識し、下に置くものとのバランスを考えるのが吉！

Q8 バラバラな作品を、壁に複数飾るときのコツは？

価格が手頃ということもあり、まずは小さい作品をいくつか買う方も多いと思います。すべてが同サイズのものなら、等間隔に並べるということもできますが、もちろん、そうとは限りません。洗面所、トイレなど小さい空間に点在させるのも手ですが、まとめて飾ることでボリューム感も出るので、どこかの壁に1カ所だけ、まとめるという飾り方もおすすめです。

複数飾るとなると、バランスを取るのが難しいと感じる方も多いようですが、私のおすすめは、どこか1ラインだけを意識して揃えるということ。すべてラインを揃えるのは難しいうえ、固い印象になりがちなので、どこかだけでも揃えると決めることで、心理的に落ち着き、バランスがよく見えます。

まとめ すべてのラインを揃えようと思う必要なし。どこか1ラインだけ意識するとバランスがよく見えます

右の小堀さん宅は、上のラインだけ揃えました。下や左右まで揃えようと思うとハードルが高くなるうえ、堅苦しい印象に。左の奥村さんは、左上の２枚の下のラインだけを揃え、右のものはあえてはずしています。全部揃えるより、動きが出て、かろやかな印象。左 P52 ～の奥村さん宅　右 P84 ～の小堀さん宅

ピクチャーレールを使うのも一案

頻繁にアートを入れ替えたり、数を増やしたり減らしたりするなら、あちこちに穴をあけずにすむピクチャーレールを使うという手も。家を建てるときやリノベーション時に付けるとレール自体を目立たないようにする施工も可能ですし、後付けで自分で DIY で取り付けることもできます。上からの線が気になるという人もいますが、穴をたくさんあけるのがいやという人には一考の価値ありです。

ピクチャーレール用のフックは上下に自由に動かせるので、飾るものに合わせて、位置調整が手軽にできます。

アートを飾ることを想定し、カーテンボックスのような幕板を取り付け、照明とピクチャーレールを隠しているのですっきり。P78 ～の富岡さん・伊藤さん宅

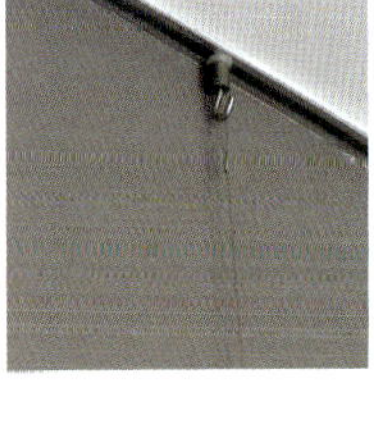

リノベーション時にピクチャーレールを天井に埋め込んでいるので、レールがあまり目立ちません。P38 ～の青木さん宅

壁に穴をあけたくないなら、オブジェをチェストの上にのせたり、厚みのあるフレームを使って本棚に飾ったり。大きいフレームに入っているなら、床に直接置くという方法も。上 P52～の奥村さん宅　中・下 P100～のOさん宅

09 壁に穴をあけずにアートを飾ることはできない？

よく聞かれる質問です。アートを飾りたいけれど、壁には穴をあけたくないと……。もちろん、立体作品であるオブジェから入る、フレームを直接棚に置く、床置きにするという方法もありますが、せっかくですから、あけてしまいませんか？　私がよくいうのは、〝NO HOLE, NO ART〟という言葉。「穴をあけなければ、アートのある暮らしは手に入りません」的に、お客さまの背中を押してしまいます。もちろん、賃貸住宅だったり、壁がコンクリートだったりと穴があけられないこともあるとは思うので、ケースに応じてではありますが……。

ホームセンターで販売しているような、石膏ボード用のフックを使えば、跡もそれほど残りませんし、補修も簡単です。みなさん、穴の跡を気にされますが、一度飾ってしまうと、アートのない暮らしは考えられなくなり、穴は必ずアートで隠れます。だから、安心して穴をあけてみてください。

まとめ　穴をあけてこそ、アートとの暮らしがはじまります。思いきって、あけてしまいましょう。

大きな穴をあけたくなかったら

細いくぎを数本使って、斜めに差し込むことで強度を増している石膏ボード用フックなら、ある程度の大きさのフレームを掛けても大丈夫（耐荷重をご確認ください）。穴の跡もねじなどに比べれば、目立ちません。小さくて軽いキャンバスなら、虫ピンを２本取り付けて飾るという方法も。

ART
GALLERIES
and
LIFE STYLE
SHOPS

アートと出会える場所

アートのある暮らしをはじめたいと思っても、どこで出会うの？どこで買えるの？と、多くの人は感じてしまうはず。まずはアートの取り扱いのあるライフスタイルショップや、雑貨店、器店など別業態のショップがときどき企画する展覧会をチェックするのが、いちばんハードルの低いアプローチです。もっといろいろ見たい、知りたいと思ったら、アートフェアや本格的な企画ギャラリーへ。ネットショップやアートフェアも合わせてご紹介します。

＊紹介しているアート作品はすでに販売済みの可能性があります。
記載されている価格は取材時のもので、変更になることがあります。

イデーショップ自由が丘店が2015年にリニューアルオープンになったときの、ギャラリーの様子。

イデーショップ 自由が丘店 ／ IDÉE SHOP

日本を代表するインテリアショップのひとつ〈イデー〉が、つねに意識してきたのはライフスタイルの提案。そんななかアートは暮らしに不可欠なものと考え、ニーズが高まってきたと感じる2011年から、“Life in Art（アートのある暮らし）”をプロジェクトとして発足させました。2015年にリニューアルオープンしたフラッグシップショップの自由が丘店では、ギャラリースペースを常設に。作家の思いや背景などが感じられ、暮らしに刺激や深みを与えてくれるアートで、かつ毎日見ていたいと思わせるものを中心にセレクト。家具や雑貨を探す延長線上のアートに出会える場所として、アート初心者を迎えてくれます。ウェブでの販売もあり、価格帯を確認できるのもうれしいところ。

DATA
東京都目黒区自由が丘2-16-29
11：30～20：00（土・日曜、祝日は11：00～）
定休日なし
☎ 03-5701-7555　www.idee.co.jp

◎主要取り扱いアーティスト：タガミ（田上允克）、舞木和哉、黒木周、ヨップス・ラム、サトウアサミほか
◎主要価格帯：1万～35万円

1

2

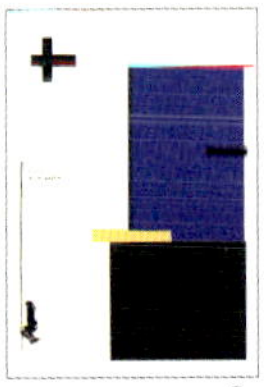
3

4

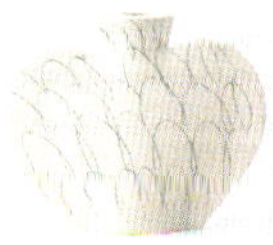
5

1. ヨップス・ラム　シルクスクリーン　98,280円　69.9×55.4cm（額装込み）　2. タガミ（田上允克）油彩ほか　68,040円　66.6×51.2 cm（額装込み）　3. イデーオリジナル リトグラフ（版画工房イデム刷り）　14,040円　36.4×25.7cm（額装込み）　4. ジャネル・ピーターザック　51,840円　66×100cm　5. グイド・デ・ザン　陶器　73,500円　33×7.5×26.5 cm

イデーのプロデュースで、〈Café&Meal Muji 新宿店〉店内にて、アートの展覧会を開催することも。

左／ 2016年5月　北浦和也展「FINDER」　右／ 2015年1月　濱田英明写真展「TOTTORI TOTTORU」

ディエチ 208 ／ dieci 208

北欧のヴィンテージ食器や家具などから暮らし全般のアイテムまでを紹介する、大阪の人気ライフスタイルショップ。海外、国内への買いつけ旅を通じて見つけたプロダクトをショップで販売する一方、それぞれのアーティストが表現する、本質的なもの作りにも注目。その作品を展覧会という形で紹介＆販売するために、ギャラリー〈ディエチ 208〉をオープンさせました。プロダクトだけでは伝えきれない、アーティストの新たな側面を感じられる企画展が年に平均15本ほど開催されています。プロダクトとアートの間をつなげてくれる貴重なギャラリーです。

DATA

大阪府大阪市中央区博労町 4-3-14 柴田ビル 208
12:00 ～ 19:00（20:00 までオープンする場合も）
火曜定休　☎ 06-6121-7220　dieci-cafe.com

◎過去に展覧会を実施したアーティスト：北浦和也、カリーナ・セス・アンダーソン、リサ＆グンナル・ラーソン、盛永省治ほか
◎主要価格帯：3万～ 10万円

2015年3月　カリーナ・セス・アンダーソン展

photo Mikiya Takimoto

ミナト／ MINA-TO（スパイラル 1F）

アートとカルチャーの複合ビルとして、多くの人を引きつける〈スパイラル〉。2階の〈スパイラルマーケット〉はインテリア好きにはおなじみの場所ではないでしょうか？　その1階のもっともアクセスしやすい場所にオープンしたのが、〈ミナト〉。旬のクリエーターが作り出すプロダクトといっしょに並べて、現代アートの展示販売をするスペースです。なにかのついでに訪れやすく、敷居が高かったアートをぐっと身近に感じさせてくれます。東京近郊のアート＆デザインイベントの情報の案内も。

DATA

東京都港区南青山 5-6-23
11：00 ～ 20：00　定休日なし
☎ 03-3498-4015　www.spiral.co.jp

◎アートの展示販売は、3 ～ 4週間で変更される
◎主要価格帯：プロダクトは 400円～、アート作品は 5万～ 20万円が中心

2011年9～10月開催　フィリップ・ワイズベッカー展「Line Work」

2016年3月　古賀充展「WIRE」

クラスカ ギャラリー&ショップ "ドー" 本店／CLASKA Gallery&Shop "DO"

日本の今の暮らしに映えるという視点で、工芸品からデザインアイテムまでを取り揃えるライフスタイルショップ。ディレクターの大熊健郎さんならではのセレクトが信頼を集めてきました。そんな大熊さんが個人的に好み、ご縁があったアーティストに声をかけ、展覧会が店内で開催されることも。回数こそ少なめですが、インテリア好きの間でもつねに話題です。プロダクト同様、今の暮らしに合うという視点で選ばれているので、自然に暮らしの中に入ってくるアートが見つかります。

DATA
東京都目黒区中央町 1-3-18 CLASKA 2F
11：00～19：00　無休（年末年始を除く）
☎ 03-3719-8124　do.claska.com

◎過去に展覧会を実施したアーティスト：フィリップ・ワイズベッカー、古賀充、大橋歩、牧野伊三夫ほか
◎主要価格帯：5万～30万円

黄色い鳥器店

女性店主の、高橋さんの独自の視点で選ばれた器たちにはファンが多く、遠くからもお客さまが途絶えない人気の器店。アートだと感じる器もあると語る高橋さんがセレクトする絵画は、器と同じ感覚で選べるほど、アートを身近に感じさせてくれる存在。アートだからと肩ひじを張って選ぶものじゃないんだと気がつかせてくれるショップです。器の展覧会は月1回以上開催されていますが、アート的作品は年に2回ほど。

DATA
東京都国立市北 1-12-2 2&3F　12：00～19：00　月・火曜定休
☎ 042-537-8502　kiiroi-tori.com

◎主要取り扱いアーティスト：かとうゆめこ、ローラ・カーリン、ちえちひろ、Pepe Shimada、丸山真琴ほか
◎主要価格帯：1万5千～20万円

上／かとうゆめこ個展「羽図」　右／ローラ・カーリン& Chie「ローラとちえ東京展」

上／2013年6～7月　山口洋佑「またどこかの惑星で」展　右上／2011年10～11月　nakaban「旅する画材箱」展　右下／2012年2～3月　フィリップ・ワイズベッカー「ACCESSOIRES」展

グリーンポイント ブックス&シングス／greenpoint books & things

横浜・山手の、昔ながらの風情を残す商店街にある小さなショップ。カメラ店だった古い2階建ての木造の建物を、女性店主、赤木さんが古書や雑貨を扱う店に変えました。2階にはギャラリーを併設。赤木さんが昔から親交のあるアーティストや、さらにその縁で広がった作家たちの展覧会が開かれます。30代の若きセンスが企画する展覧会には等身大の作品が揃い、アートとの暮らしをはじめるいいきっかけをもらえそうです。

DATA
神奈川県横浜市中区山元町 1-7
営業日：木～土曜 13：00～17：00
☎ 050-3637-0017　www.gpbat.com

◎主要取り扱いアーティスト：nakaban、フィリップ・ワイズベッカー、前田ひさえ、山口洋佑、tupera tupera ほか
◎主要価格帯：5000～20万円

ウォールズトーキョー／WALLS TOKYO

「気に入っているアーティストの作品が買いたいのに、どこを探せばいいか分からない！」 そんなオーナー自身の経験からオープンに至ったギャラリー。個々のアーティストの企画展などを開催するギャラリーとは趣を異にし、さまざまなアーティストの作品がずらりと並んでいます。さながらアートのセレクトショップ。アンディ・ウォーホル、草間彌生など、誰もが知っているビッグネームから若手まで、幅広く作品が取り揃うのが魅力です。また、ほぼすべての作品の価格をネット上で確認できるのも特筆すべきところ。展示されているもの以外でも、予約をすればギャラリーに現物を用意してくれるサービスも。〈蔦屋書店〉での作品展示など、よりアートが身近になる活動にも積極的。

DATA

東京都文京区白山 2-14-18
12：00～19：00（土曜 10：00～18：00）
日～火曜定休（年末年始、夏期休暇あり）
☎ 03-6240-0790　www.walls-tokyo.com

◎主要取り扱いアーティスト：松山智一、山口歴、奥まゆみ、須恵朋子、谷正也ほか
◎主要価格帯：2万～300万円

1

2

3

4

5

1. 平丸陽子　キャンバスに油彩　410,400円　作品本体サイズ 162×130.3cm　2. アレックス・カッツ　エッチング　135,000円（額装費込み）　作品本体サイズ 30.5×23cm　3. アンディ・ウォーホル　オフセットリトグラフ、手彩色　378,000円（額装費込み）　作品本体サイズ 43.5×27.3cm　4. 奥まゆみ　ミクストメディア　20,520円　作品本体の高さ 10cm　5. 須恵朋子　土佐麻紙、岩絵具、樹脂膠　149,040円(額装費込み)　作品本体サイズ 45.5×53cm

ギャラリータグボート／GALLERY TAGBOAT

「このアーティストの作品は、いくらするんだろう？」 アート探しをはじめてみると、こんな素朴な質問の答えが見つからないことに気がつきます。また、探している作家がいても、どこで買えるのか探し出すのも至難の業。そんなアートの最初の大きなハードルをラクラク、クリアにしてくれるのが、ネット上のアートギャラリー〈タグボート〉です。マウスを“ポチッ”でアートが手に入る画期的なシステム。将来的な価格上昇が見込める、クオリティの高い作品を集めているとの自負で運営されており、その目利き力にも期待したいところ。展覧会レポートやアーティストインタビューなど、読み物も充実しています。

DATA

www.tagboat.com

◎主要取り扱いアーティスト：村上隆、奈良美智、草間彌生、アンディ・ウォーホルほか（若手アーティスト含み、約1500名）
◎主要価格帯：3万円～

3

1

2

4

1. 越後しの　シナ木材にアクリル絵具　55,080円　作品本体サイズ 32×40cm　2. 山本桂輔　紙にドローイング　76,550円（額装費込み）　作品本体サイズ 25.5×20.5cm　3. 蜷川実花　写真（C-print）　105,106円　43x50.5cm（額装込み）　4. 内田文武 キャンバスにアクリル絵具　84,240円　作品本体サイズ 32×41cm

Gallery Yamaguchi kunst-bau　作品：熊谷誠（2014年の展示）

アート大阪

2002年の初開催以来、すでに14回を数える現代美術のアートフェア〈アート大阪〉。2016年には国内外52のギャラリーが参加し、200人以上のアーティストの作品が紹介されました。このアートフェアの大きな特徴は、ホテルのワンフロアを貸し切り、その客室を使って展示をするということ。広く、天井の高いギャラリースペースとは違い、ふだんの暮らしにより近いイメージで作品と対峙できます。アクセスしやすい中心地にあるホテルで行われるのも魅力です。企画展にこだわる質の高いギャラリーばかりが参加し、ビッグネームから若手アーティストまで、幅広く紹介されます。ジャンルも絵画、彫刻、版画、写真、インスタレーションと多岐に渡り、見ごたえも満点。また、同団体の運営で東京でも、同じようにホテル内でアートフェアが年に1度開催されているので、こちらも要注目です。

DATA

開催地：ホテルグランヴィア大阪（2016年）
開催時期：7月初旬（2016年は7月2～3日）
入場料：1500円（2016年）
参加ギャラリー：52ギャラリー（関西24、関西以外20、台湾3、韓国4、パリ1）（2016年の実績）
www.artosaka.jp

上左／ギャラリー風　作品：高田光治（2015年の展示）　上右／Gallery OUT of PLACE　絵画作品：中島麦、関智生／立体：山本優美（2015年の展示）下右／KOKI ARTS　絵画作品：中屋敷智生／写真：勝又公仁彦（2015年の展示）

撮影／早川智彬（ART OSAKA 事務局提供）

アートフェアってなに？

世界各地で開催されるアートフェア。美術関係者や、一部のアートマニア向けのものかと思いきや、誰でもが気軽に訪れることのできるアートの入り口にぴったりのイベントです。たくさんのギャラリーが一同に会し、そのギャラリーがそのとき一押しするアート作品が揃う場所と考えれば、これほど効率よく、ギャラリーの特徴を知ることができる機会はなかなかありません。新しいアーティストと出会える絶好チャンスです。
価格が分かりやすく表示されているので（もしくはプライスリストが置いてあるので）、まずはいろいろな価格帯の、さまざまなジャンルの作品を見てみたいという欲求を満たしてくれます。もちろん、そのまま購入することも可能。近年は全国各地で行われるようになっており、大阪、東京だけでなく、札幌、名古屋、福岡などでも開催されています。

撮影／岩下宗利　2016年会場風景

アートフェア東京／ART FAIR TOKYO

2016年の開催時は、来場者が5万6000人を超えたという日本最大級のアートフェア。JR有楽町駅間近の東京国際フォーラムが会場ということもあり、アクセスのしやすさも魅力です。参加ギャラリーも150以上と、たくさんのアートと出会えるまたとない機会です。
絵画、版画、立体作品などの現代アートだけでなく、古美術、工芸など、ジャンルも多彩。ガイドツアーが行われたり、参加ギャラリーの情報が美しい写真とともに網羅されている公式カタログが販売されたり、アート初心者でも楽しめるようになっています。美術館級の作品も出品されており、すぐ間近で見られる楽しみも。

DATA
開催地：東京国際フォーラム（2016年）
開催時期：例年は3月（2016年は5月12～14日）
入場料：1-DAY パスポート 2500円（2016年）
参加ギャラリー：157ギャラリー（国内138ギャラリー、海外19ギャラリー）（2016年の実績）
artfairtokyo.com

◎主要価格帯：数万～数千万円

撮影／ Katsuhiro Ichikawa

ジ・アートフェア ＋プリュス－ウルトラ

東京・表参道にある、文化とアートの複合施設〈スパイラル〉で毎年開催されているアートフェア。特徴的なのは、実績があって信頼度の高いギャラリーが参加する〈＋プリュス〉と、40歳以下のディレクター個人を出展単位とする〈ウルトラ〉の2つの出展カテゴリーで構成されている点。とくに若いディレクター個人を出展単位とするのは珍しい試みです。若い感性で選ばれた、これから大きく羽ばたいていくであろう、原石のアーティストや作品がジャンルをまたいで紹介されます。無料で出入りしやすい自由な雰囲気が、新たな出会いをもたらしてくれるはず。

DATA
開催地：スパイラルガーデン（スパイラル 1F）
開催時期：2016年は12月
参加ギャラリー：〈＋プリュス〉12ギャラリー、〈ウルトラ〉30組（2016年）　入場無料
theartfair-plusultra.com

◎主要価格帯：1万～30万円

トーキル・グドナソン展

エムエーツーギャラリー／MA2Gallery

真っ黒のシンプルな箱のようなビル。大きな扉を開けたら、どーんと天井が高く、明るい自然光の入る気持ちのいい空間が広がります。ここに展示されるのは、絵画、写真、インスタレーション、彫刻などの現代アート。ジャンルにこだわらず、ギャラリーの独自の視点でセレクトされています。「アーティストの気持ちが身近に入ってきてくれるような作品」を意識しているそうで、現代アートの難解さへの不安を取り払ってくれ、素直に向き合えるようなアートと出会えます。2階は一転して、ふつうの天井高。自宅に実際置いたときの、アートの存在感を体感できるための配慮だとか。年に8～9企画、それぞれ1カ月近くと長めに開催されているので、企画ギャラリーがはじめての人でも気軽に訪ねられる、おすすめの一軒です。

DATA

東京都渋谷区恵比寿 3-3-8
12：00～19：00　日・月曜、祝日定休
☎ 03-3444-1133
www.ma2gallery.com

◎主要取り扱いアーティスト：伊庭靖子、近藤恵介、関根直子、藤井保、袴田京太朗ほか
◎主要価格帯：5万円～

左：松原健「SLEEP WALKER」展　右：瀧本幹也「GRAIN OF LIGHT」展

黒い箱に四角い窓。シンプルな建築だからこそアートが引き立ちます。

マッツ・グスタフソン「TREES AND ROCKS」展

価格が分からなかったら

ギャラリーをはじめて訪ねると戸惑うのが、パッと見て分かるように販売価格が掲示されていないこと。とはいえ、落ち着いてスペース内を見渡してみると、片隅にあるテーブルや、受付カウンターの上などにプライスリストが置いてあることがほとんど。見つからなければ、「プライスリストはありますか？」と一言聞けば、出してくれるか、教えてくれるはずです。

ギャラリーを巡りたくなったら

アートのある暮らしに魅力を感じ、もっと新しいアートと出会いたい、もっとアーティストを知りたいとなると、やはり巡るべきは企画展示を定期的に開催しているギャラリー。アート初心者にとって、最初の扉を開けるのには勇気も必要ですが、その先にはさらに大きな楽しみが待っています。そんなギャラリーが見つかるGUIDEも発行されています。残念ながら東京エリア限定ですが、アートに精通している人がセレクトしている、今、訪ねるべきギャラリーが網羅され、最新の展覧会情報が掲載されています。２カ月に１回の発行。〈エムエーツーギャラリー〉など、ギャラリーで無料配布されているほか、ホテルなどでも入手できます。

ギャラリー 360°／ Gallery 360°

東京、表参道の交差点そばの古いビルの2階。見過ごしてしまいそうな場所ですが、階段を登っていくと、今の時代の空気感を感じさせるアートに出会える場所に到着です。360°との名前のとおり、ジャンルを問わず、あらゆる方面のアートを紹介してくれるギャラリー。「アーティストがいかにスペシャルで魅力的な活動をしているか」を重視して、年に7～9回ほど企画展を開催しています。また、ギャラリー内のショップでは、作家のマルチプル、版画、ポスター、Tシャツなどを販売しているので、気軽に覗きに行くのも楽しい。

上／2015年8月　川村貴彦「TODAY」展　下左／2015年2月　山内聡美「THIS MUST BE THE PLACE」展　下右／2015年11～12月　小林エリカ『彼女は鏡の中を覗きこむ』展

DATA

東京都港区南青山5-1-27 2F
12：00～19：00　日曜、祝日定休
☎ 03-3406-5823　www.360.co.jp

◎主要取り扱いアーティスト：ホンマタカシ、小林エリカ、川村貴彦、オノ・ヨーコ、山内聡美ほか
主要価格帯：1万～200万円

ディーズ・ホール／ DEE'S HALL

アンティークショップを長年営んできた女性オーナーが、15年前にオープンさせたギャラリー。日用品であったアンティークに美を見出し、多くの人に伝えてきた人だからこその、独特の視点が詰まった展覧会が企画されています。オーナーがこれぞと思った人だけを紹介する、そのセレクト眼を信頼し、いわゆる"現代アートマニア"や"アートコレクター"とはタイプを異にする、新しいアートファンを生み出すような存在。老舗の画廊やギャラリーを訪ねてもピンとこないと感じるような人にこそ、おすすめしたいギャラリーです。

DATA

東京都港区南青山3-14-11
12：00～20：00（日曜、祝日は～18：00）
展示期間のみの営業（期間中は定休日なし）
☎ 03-5786-2688
www.dees-hall.com

◎主要取り扱いアーティスト：沖潤子、前川秀樹、尾関立子、上田快・亜矢子、大室桃生、中西洋人ほか
◎主要価格帯：3万～80万円

上／2012年12月　前川秀樹展　下／2013年6月　仲田智展

青山の一等地とは思えない、ゆとりのあるスペース。

みんなのお気に入りのアート本

今回ご登場いただいた方々に、お気に入りのアート本や図録、
またはアートとの暮らしを楽しくしてくれたり
アイデアをもたらしてくれたりする本をご紹介いただきました。

＊紹介している本はすべて個人が所有しているものです。絶版など、現在入手できないものも多くなっています。

P38～の
青木さんのお気に入り

作品を手に入れたいアーティストとして、熊谷守一さん、猪熊弦一郎さん、柚木沙弥郎さんの名を挙げてくれた青木さん。お気に入りの本も熊谷さんの図録です。「作品はなかなかハードルが高いので、今は、展覧会の図録を眺めて楽しんでいます。図録や写真集は手元でじっくり鑑賞できるので、アート初心者には入りやすいです」。

『熊谷守一展　天与の色彩 究極のかたち』の図録
発行：熊谷守一展実行委員会（2007年 天童市美術館内）

P100～の
Oさんのお気に入り

『小さな家』
ル・コルビュジエ著
出版社：集文社

『葉山有樹作品集
A Pattern Odyssey
文様をめぐる450万年の旅』
出版社：風濤社

『小さな家』は、建築家、ル・コルビュジエが両親のために建てた家の全貌が詰まった本。「大切な人のために場所を探し、しつらえを考える。暮らし全体がアートだと気がつかされますよ。コルビュジエの思考の痕跡をたどるうえでも、非常に興味深い、好きな本です」。もう1冊は、仕事を通じて長年、親交のある葉山有樹さんの作品集。「アーティストは造形を作る人ではなく、"なにを大切に生きるか"を作品を通じて示す人。彼との交流を通じて気づきました」。そんな作品が掲載されている1冊です。

P74～の
門倉さんのお気に入り

『VESTIGES OF GRANDEUR』
出版社：Chronicle Books

門倉さん宅のリビングテーブル下には、海外のおうちさながら、大型の写真集がたくさん。「ほとんどがインテリア関連の本で、アート本ではないですが」と、門倉さんが見せてくれたのは、米国・南部の大農場の跡地や往事の建物を撮影した写真集。「表紙の階段のカーブにも、並木の根元の美しさにも私はアートを感じています」。

P96 〜の
Y さんのお気に入り

番外編として紹介してくれたドキュメンタリー映画『ハーブ＆ドロシー　アートの森の小さな巨人』の DVD。元郵便局員と図書館司書の夫妻が買い集めた現代アートが、世界屈指のコレクションになったというストーリーは、アートを所有したい、アートと暮らしたいと思っている人にはワクワクする話です。

『やなぎみわ ― マイ・グランドマザーズ』

出版社：淡交社

〈国立国際美術館〉で開催された、やなぎみわさんの展覧会で感銘を受け、自宅にポスターを飾っている Y さん。今、いちばん気に入っているアート本も彼女の写真集です。若い女性の 50年後をイメージしてビジュアル化した「My Grandmothers」などの写真を掲載。「彼女の写真が紡ぎ出す物語、コンセプトに惹かれます」。

P90 〜の
高橋さんのお気に入り

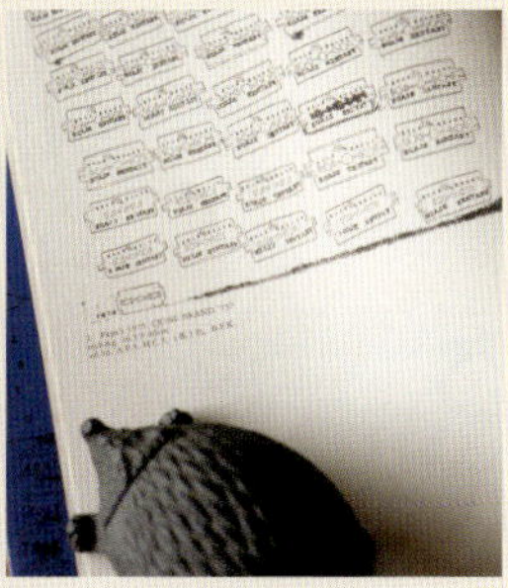

『山本容子版画集 PRINTS』　出版社：阿部出版

好きなアーティストとして山本容子さんの名を挙げてくれた高橋さん。とくに初期のころの作品が好きということで、当時の作品が網羅されている画集を見せてくれました。「20代のころに個展に伺ったとき、いっしょにいた上司がさらっと買っていて、ショックを受けました。今思えば、ローンをしてでも買えばよかったですね」。

P32 〜の
赤木さんのお気に入り

『ファブリック・ピクチャー』など

森麗子著　出版社：文化出版局、木耳社など

ニードルアーティストとして、織りや刺しゅう、アップリケで風景画を描いてきた森麗子さん。赤木さんは、迷うことなくお気に入りとして、その著作の数々を紹介してくれました。すべて絶版になっているような古い本ばかりです。「大好きで敬愛している作家。ご高齢のため、最近は作品を見られる機会がないのが残念です」。

P46 〜の
小前さんのお気に入り

陶芸家になる前は、デザイナーとして、長年活躍してきた小前さん。そんな感度の高い小前さんのアンテナがピンと反応したのが、エリザベス・ペイトン。「人の魂や生き様を感じ、『すごくかっこいい！』と惹かれました。今の時代を感じる絵で、ずっといちばん手に入れたい作家です。夢ですけど……」。

『ELIZABETH PEYTON』　出版社：Rizzoli

＊カバーを外して撮影しています

P78～の富岡さん・
伊藤さんのお気に入り

『世界の民芸』
出版社：朝日新聞社

民芸品＝フォークアートも、アノニマスの作家が作るアートだと考え、惹かれるというおふたり。紹介してくれたのは、世界の民芸品を浜田庄司さんなど民藝の巨匠である3人が解説した本。「日本語で解説してあるので、理解が深まります」。

P60～の
大島さんのお気に入り

『画家のおもちゃ箱』猪熊弦一郎著
出版社：文化出版局

「僕が、ものやアートを集めるきっかけになった本です」と大島さん。猪熊弦一郎さんの個人の視点で選んだ多くのものが紹介されている本。アートや民芸品から、本来なら捨てられてしまいそうなものまで、本人にとっては愛すべきものばかり。「有名、無名、時代など関係なく、自分の視点でチョイスする姿勢に共感し、憧れます」。

P16～の
白石さんのお気に入り

『FOTOGRAFIE』ヨーゼフ・スデック著
出版社：SNKL

白石さんがお気に入りとしてピックアップしてくれたのは、1950年代に出版された、チェコの写真家の写真集。通っているアンティークショップで、ほかのものに負けない存在感をはなっていた一冊なのだそう。「光がとても印象的なんです。装丁はシンプルだけれど、ていねいな作りで、"もの"としても魅力的だと感じた本です」。

P16～の
城さんのお気に入り

『美術の物語』
E.H.ゴンブリッチ著
出版社：ファイドン

688ページにも及ぶ、大型本を紹介してくれた城さん。50年以上前に出版され、版を重ねている名著の日本語版です。美術を、それぞれの時代の歴史とともに分かりやすく説明してくれます。図版も豊富。「美術をちゃんと知っているわけではないので、ときどき読むことで、歴史的背景も理解でき、自分のベースができると感じます」。

P68 〜
Mさんのお気に入り

『生誕100年 松本竣介展』の図録　発行：NHK プラネット東北
『inter-views　語られるアート，語られる世界』　出版社：美学出版
『生誕100年 松田正平展』の図録
発行：山口県立美術館、神奈川県立近代美術館

アートの展覧会を訪ねたら、必ず図録は買うというMさん。その中からとくに好きな2冊と、1冊の書籍を紹介してくれました。書籍はアーティストだけでなく、ディレクター、編集者などが語る、現在のアートについてのインタビューで構成されたもの。「裏方の話も伺えるのが興味深いのです」。図録はどちらも好きな作家ということですが、とくに松田正平さんがアートと向き合う姿勢がMさんの目指すものと同じと感じ、惹かれるそう。

P84 〜の
小堀さんのお気に入り

『edited photographs』
ナイジェル・シャフラン著

膨大な量の洋書をコレクションしている小堀さんですが、そのほとんどがアートのように美しい料理本。「アートに関する本はあまり持っていないけれど」と紹介してくれたのは写真家、ナイジェル・シャフランの写真集。「ふつうに暮らしている風景が切り取られている感じに気持ちをぐっと持って行かれました」。

P52 〜の
奥村さんのお気に入り

『HÄUSER DES LICHTS』Axel Vervoordt 著
出版社：Verlagshaus Jacoby & Stuart

「アートの飾り方のヒントがいっぱい詰まっているから」と、奥村さんが参考にしているのは、Axel Vervoordt のインテリア本。日本の住宅環境とはかけ離れてはいるものの、アートが飾られている空間写真が多数掲載されており、そこから、さまざまなことを学べるそう。眺めているだけでも、美的感覚を養うことにつながります。

P24 〜の
山内瞳さんのお気に入り

『純粋なる形象 ディーター・ラムスの時代展』の図録
発行：サントリーミュージアム［天保山］

「世界最高のデザイナーだと思っている」と瞳さんがいうのは、ブラウン社の数多くのプロダクトをデザインしてきた、ディーター・ラムス。アートではなく、プロダクト品ですがアート同様にその美しさや雰囲気に心惹かれると、『純粋なる形象 ディーター・ラムスの時代展』の図録をお気に入りとして紹介してくれました。

アートと暮らすインテリア

2016年9月4日　初版第1刷発行

編著
加藤郷子

デザイン
塚田佳奈（ME&MIRACO）

写真
安部まゆみ

編集
及川さえ子

発行人　三芳寛要
発行元　株式会社パイ インターナショナル
〒170-0005　東京都豊島区南大塚2-32-4
TEL 03-3944-3981　FAX 03-5306-4830
sales@pic.co.jp

編集・制作　PIE BOOKS
印刷・製本　図書印刷株式会社

ISBN978-4-7562-4821-3 C0070
Printed in Japan